精准表达

用高效的沟通建立和谐的人际关系

COMMUNICATION SKILLS FOR HEALTHY RELATIONSHIPS

We all can be good communicators: what we need is the right way.

张笑恒 —— 著

中国法制出版社
CHINA LEGAL PUBLISHING HOUSE

图书在版编目 (CIP) 数据

精准表达 / 张笑恒著. —北京：中国法制出版社，2020.4

ISBN 978-7-5216-0837-3

Ⅰ. ①精… Ⅱ. ①张… Ⅲ. ①人际关系学 Ⅳ. ① C912.11

中国版本图书馆 CIP 数据核字（2020）第 021017 号

策划编辑：陈晓冉

责任编辑：陈晓冉 刘 阳

封面设计：杨泽江

精准表达

JINGZHUN BIAODA

著者 / 张笑恒

经销 / 新华书店

印刷 / 三河市国英印务有限公司

开本 / 710 毫米 × 1000 毫米 16 开

印张 / 13 字数 / 181 千

版次 / 2020 年 4 月第 1 版

2020 年 4 月第 1 次印刷

中国法制出版社出版

书号 ISBN 978-7-5216-0837-3

定价：39.80 元

北京西单横二条 2 号 邮政编码 100031

传真：010-66031119

网址：http://www.zgfzs.com

编辑部电话：010-66054911

市场营销部电话：010-66017726

邮购部电话：010-66033288

（如有印装质量问题，请与本社印务部联系调换。电话：010-66032926）

前言

Preface

明明在背后做了很多努力，告诉别人时却被当成炫耀；明明是想把自己内心对对方的好告诉对方，却让对方感受到了深深的恶意；明明一个水到渠成的结果都到了眼前，却因为自己的三言两语导致事情的失败……

这一切都源于你是一个不会表达的人，你说出的话总不能详细、准确、清晰地表达自己的想法，尤其是面对那些你讨厌的人和那些讨厌你的人时，更容易让他们加深对你的误会，越来越不愿意和你交流，甚至与你为敌。

可见，良好的表达能力对于我们的人际交往来说是多么重要。特别是，当我们讨厌的人是我们的朋友、同事等我们不想得罪的人，或当讨厌我们的人是我们的面试官、我们寻求帮助的人、我们追求的对象时，好的表达能力往往能让我们得到更好的结果。

因此，如何准确有效地表达自己的意愿，与自己讨厌的人和谐相处，让讨厌自己的人对自己产生好感，是本书的重点研究内容。

在如何与自己讨厌的人和谐相处方面，本书介绍了在面对自己不喜欢的领导时该怎样应对，面对别人恶言攻击时该如何回应，等等。

在如何让讨厌我们的人对我们产生好感方面，本书介绍了一些如何在应酬场合说场面话的方法，如何在朋友圈增加好感度的方法以及如何让吵架的恋人重归于好的方法，等等。

一个人在表达自我意愿的过程中，往往向对方展示着自身的涵养、学识。会说话的人，常常能使人感到情真意切、褒贬有节、进退有度，展现出良好的沟通技巧。因此，能否掌握表达自己意图的技巧，对人生成败有着至关重要的影响。

无论对于自己讨厌的人，还是讨厌自己的人，说什么，怎么说，什么话能说，在什么场合说，说的时候又需要注意些什么……这些都蕴含着大学问，都需要我们掌握其中的技巧。

本书还详细地从职场、家庭、社交、网络等各个方面，通过贴近生活的具体案例，深入浅出地述说了如何正确地与人交往、托人办事，让你在充满趣味性的阅读中领悟与人说话、表达自我、传递信息、沟通感情、交流思想的技巧与艺术。

熟练掌握本书中表达自我的方法与技巧，你就能在社交生活中如鱼得水，受人瞩目；在职场中游刃有余，泰然自若；在亲朋好友面前妙语连珠，应付自如；在社交网络上谈笑风生，激扬文字。

锻炼自己的表达能力，这不仅仅关系到你的事业，还关系到你的家庭，甚至更多的方面。只要你身在这个社会，表达一定是必需的。别再让拙劣的表达耽误你的人生。

目录

Contents

第七章 应酬时不招人待见?聊天气氛很重要

第八章 朋友越来越少联系你?增进友情的话要会说

第九章　在微信朋友圈不讨人喜欢?有必要学点网络沟通术

第十章　面试屡屡受挫? HR 有话对你说

第十一章　求人办事被拒?试试情理交融地说

第一章

你可以不喜欢他，但不必出口伤人

看不惯，也不随便评价别人的人生

生活中，总有些人习惯性地站在自己的角度和立场，在不了解事实的情况下，以己度人、妄加评论。但是凭什么呢？就像有人说的："一个人最大的恶意，就是把自己的理解强加于人，把所有的结果理所当然地用自己的经验来解释，并一直认为自己是正确的。"

一位作家在乘坐地铁的时候看莫言写的《丰乳肥臀》，坐在他旁边的人看了一眼书名，很不屑地摇了摇头，好像在说：这人没羞没臊，竟然在公众场合看黄书。

还有一次，这位作家在教师休息室里看一本讲历史的书，描述的是一段沉重的历史，但书名看起来有点鸡汤文的意思，叫《希望永远都在》。一个老师走了进来，看到书名后，用很嘲弄的口气说："你也看鸡汤啊。"

《庄子》中有这样一句话："子非鱼，安知鱼之乐？"即告诉我们在不了解他人的情况下不要按自己的想法去猜测对方，事情的真相往往都是很复杂的，我们可能永远都不会知道别人经历了什么。

像电影《搜索》中的叶蓝秋，因为未给老大爷让座，就被人们集体指责"道德沦丧"。可是那些人哪会知道，她在上公交车之前，刚刚得知自己患了癌症，正处于万念俱灰的失望和恐惧之中……

一般来说，当看到别人有什么"不好的"行为、我们看不惯的行为时，我们就会特别想去评论。比如，看到别人喜欢打扮，老是浓妆艳抹，我们有时就会说"一看就是行为不检"；看到对方不好与人交流，我们就说"这个人心高气傲，一点礼貌都没有”。

可是，我们这种只通过对方的状态和外表，然后结合自己的想法就做出的推断，往往带有浓厚的主观色彩，得到的结果也只是我们自以为的“公正评断”。我们应当尊重别人打扮自己的方式，也应体谅不好与人交流的人也许只是性格内向而已。

在电视剧《匹诺曹》中，有一集剧情是这样的：一位大妈在健身房里因为运动过度而猝死。她曾是体重超过90公斤的重度肥胖者，而在死亡之前，体重已经减到了70公斤。

在媒体记者面前，健身房的员工们根据自己的见闻纷纷说着对于这位大妈减肥理由的推断：“大妈的前夫两个月前再婚了，而且据说对象是一个特别苗条漂亮的女人。”“她肯定是因此深受刺激，才决定狠下心来减肥的。”就这样，由于员工的评价，这群记者在没搞清事实真相之前，就以“切勿因爱美而过度减肥”为主题，播送了一期新闻。

可这却严重毁坏了这位大妈的声誉。

原来，事情的真相是：大妈的女儿被查出肝硬化，已经到了晚期，需要进行肝移植才能活下去。大妈的肝刚好适合，但是医生说大妈得了脂肪肝，只有减重30公斤，才能进行移植。于是，为了在短期内迅速减掉这30公斤，大妈开始没日没夜地在健身房内跑步……

其实有很多事情，从不同的角度切入，就会产生不同的观点和认识，甚至是截然相反的论断。因此，在了解事实真相之前，我们不要急着下结论。因为我们的一句恶意揣测，对当事人来说，也许会造成无法磨灭的痛苦。

正像《匹诺曹》这部电视剧中的男主角所说：不管自己的话有多大分量就信口胡言的人，实在太可怕。

所以，无论我们有多看不惯一个人，也不要因为对方的一个行为、一件事去随便评价。

首先，不去轻易评价别人的学问。不要因为对方学历低或对某一方面的知识不甚了解，说“连这个都不知道，这个人真没学问”这类的话。

其次，不去随意评价别人的家庭。俗话说，清官难断家务事。当别人的家庭出现问题或矛盾时，我们不要随意对其进行评价，其中的隐情可能比较复杂。比如，人家离婚了，你因为看不惯人家丈夫，就说“他们离婚肯定是丈夫出轨”，如果是错在妻子，你又该如何弥补你对男方造成的伤害。

最后，不要随意评价别人的品行。人都是复杂而多变的，不要因为我们看不惯对方，就对别人的品行妄加定位，这是对他人最大的伤害。有一则新闻爆出一个中年男子打死了一条狗，于是大家都开始说这个男子恶毒，可是真相却是：被打死的是条疯狗，在那个男子的孩子放学回家的路上，这条狗咬死了那个孩子。

马克·李维说：“你不能随意评价别人的生活，因为那是他的人生。”我们看到的往往只是每个人的冰山一角。你永远不知道别人深夜痛哭的真正原因，更无法真正理解每个若无其事的笑脸背后藏着多少苦痛……这个世界从不缺乏探寻真相的人，缺的只是不随意评价他人的善良。

面对有事才找你的朋友，拒绝也不要太直接

我们身边总有那么一群人，找你办事的时候和你称兄道弟，十分热情，不是今天找你吃饭，就是明天拉你野营，天天在你眼皮子底下晃悠。可一旦事情办完了，他就像人间蒸发了一样，你再也看不到他来找你了。

陈开伟是一家医院的医生，因为乐于助人，大家也经常找他帮忙。

有一天，陈开伟接到个电话：“陈医生，我是张山啊！早就想去看看您，可一直没有时间。”电话那端的声音很热情，原来是多年前的同学。自从毕

业后，他就好像失联了一样，同学们都找不到他了。

寒暄了一番后张山进入正题："陈医生，有件事要麻烦您。我们经理的爱人胆囊不好，可能要动手术，想请您帮忙介绍一个最好的专家。"

陈开伟心里实在瞧不上这样的"朋友"，就说："我们医院各科室每天都有专家看门诊，你让她直接挂专家号就行了。"说完陈开伟就挂断了电话。

张山被拒绝后，觉得受到了侮辱，就到处说陈开伟为人小气，看病还想收红包这样的坏话。

过了一段时间，以前找陈开伟帮忙的人也都不来了，大家见着他也都躲得远远的。

毕达哥拉斯曾说：最短、最老的两个词——"好"和"不"——需要最慎重地考虑。拒绝别人时，直来直去必定会让对方觉得我们根本没有顾及他的面子，进而会认为我们根本不尊重他，从而对我们不满，甚至还会对我们怀恨在心。

特别是对于那些平常不联系我们的人，在找我们帮忙时，如果我们过于直接地拒绝，伤害到了对方的自尊，对方就很容易对我们产生怨恨。又因为双方交情本来也不深，对方很可能一时冲动就做出对我们不利的事情。

因此，在别人有事找我们时，也包括平常没什么联络的朋友，我们如果要拒绝他们，也需要掌握正确的方法。

王阳是一家小超市的老板，生意做得风生水起的。有一天，许久不联系的大学同学张江上门拜访，说让他帮忙给凑些资金，自己准备做生意。

王阳觉得长时间没联系了，彼此都不太了解，便不想冒这个险借钱。他说："老张呀，跟你说实话，你看着我最近几年好像生意不错，其实钱都砸进这些货里了，手头真没啥钱……"看张江不太开心了，王阳接着说道："你跟我说说你要做的项目，钱我帮不上忙，但我毕竟也有几年创业经验了，给你参谋一下……"

两人谈到很晚才睡觉，王阳最终也没借钱，张江也放弃了自己不成熟的创业计划。

后来，王阳因为儿子上初中的事去找张江帮忙，没想到张江听后一口就答应了，还顺道请王阳吃了饭，感谢当时他给出的主意。

世事难料，可能今天是别人求我们办事，明天就是我们求别人帮忙了。我们永远不要将自己的路子堵死。在拒绝有事才联系我们的朋友时，要尽量避免伤害对方，不要把对方变成我们的敌人。

在拒绝这样的朋友时，一定要尽量做到不伤和气地委婉拒绝。而如何才能达到这样的效果呢？我们可以参照以下两点：

一是语气必须温和而坚定。拒绝时要面带笑容，语气轻松。例如，当对方的要求和我们的职权有关时，我们可以委婉地向他解释："如果我有这样的权限的话当然愿意帮助你，但是受工作职权所限，我没办法帮你，这违反了公司规定。"友善的态度加上温和的语气可以让对方知道我们确实也想帮他，但是实在无能为力。

二是可以适当提出一些建议。当我们帮不了他的时候，在拒绝他之后，再说一句"你不如去找找 ××，看他有没有办法"这样的话，给他提供另一个解决问题的思路。如果问题解决了，他不仅不会怪我们没帮他，可能还会心存感谢。

在我们拒绝有事才联系我们的朋友时，表达友好和善意是我们应有的态度。即使我们不愿帮他，也不要伤害到他的感情。

分手了，但不要说"从没爱过"的重话

分手，是男女交往中最常见也最不能理性对待的一个问题。许多人在遭遇分手的时候，都会迷失自我，做很多冲动的事，说很多自己从来都不

会说的狠话。

陈寻和周雯在一起三年了。周雯很任性。这期间他们吵架、闹分手的事情也经历过很多次，不过每次周雯都能及时讲和，最后也就重归于好了。

这一次，周雯又和陈寻吵起来了。“那我们分手吧！”周雯说道。

“分就分，反正我也从来没爱过你，我们也不过是玩玩。”陈寻怒气冲冲地说。

“陈寻，你是认真的吗？”周雯强忍住泪水问道。

陈寻没有回答，转身就离开了。看着陈寻远去的背影，周雯一下坐到地上哭了起来。

几天过去了，陈寻发现周雯还没有联系自己，便主动联系了周雯，才发现自己被对方拉黑了。

最后，他俩这段感情也就这么结束了。

爱情本是美好的，当人们沉浸其中时，总是幸福甜蜜的。可一旦感情出现了问题，闹到分手的地步，很多人就会把对方当作敌人一样对待，完全忘记了之前的美好记忆。

当一方提出分手，另一方痛苦煎熬是肯定的。无论是谁，为别人付出了，心里就会希望能得到回报。一旦对方跟自己分手了，就觉得自己的付出没有得到回报，会很不甘心。从而，心中的怨气就变成了口中的重话，句句伤人。

但是，这些重话除了能让你图一时的口舌之快，其他什么作用都没有，反而还会给对方造成特别大的伤害。有的时候，分手了，心里明明还挂念着对方，嘴里却一直吐“刀子”，让彼此之间连挽回的余地都没有了；有时候，分手了，明明可以各自安好的，却非要跟对方撂几句重话，结果搞得沸沸扬扬尽人皆知，双方的脸面都丢尽了。

所以，不管我们当时有多讨厌对方，分手时都不要对曾经爱我们的人和我们爱的人说重话。毕竟，爱情是难分对错的，闹到分手这一步，双方都有责任。就算分手，也要给对方真心的祝福，不要谩骂，不要责怪，彼此道一句“保重”。

王丽和男友在一起快一年了，几乎每天都在吵架。最后，王丽忍无可忍，提出了分手。

“为什么分手？我哪里做得不好吗？”男友焦急地问。

“没有，你挺好的，只是我俩都是暴脾气，真的不合适。我厌倦了这种生活，对不起。”王丽说。

两个人聊了很久，男友也没能让王丽回心转意……

“既然你做好选择了，我就不强求。如果哪天你想回来了就回来，我会一直等你的。”男友说。

“谢谢你！”王丽说完后情不自禁地流下了眼泪。

“那，保重！”男友说。

“你也是！”王丽说。

后来，两人也没有再在一起，但王丽心中却一直记着男友的好。

一段感情走到尽头，最好的结果莫过于双方都能永远把自己最好的一面留在对方心中。若干年后，也许到那个时候你们都老了，但当你从你记忆深处小心翼翼地把他找出来，你一定是开心的，因为你会庆幸自己没有因为一时冲动说出会伤害到那个你曾深爱的人的话。

那么，我们在分手的时候，最好不要对对方说哪些话呢？

第一句，“你让我感到恶心”。当对方劈腿了，在和你谈分手的事时，你是很难控制自己情绪的，“你让我恶心”这句话就很容易脱口而出。但是，仔细想想，对方跟你分了手，让你早早地认识了他的真面目。

第二句，“我当初是眼瞎才会看上你”。这句话全盘否定了对方的优点，包括对方为你做的一切，会让对方心里觉得很不公平。而且，这种表现也会让对方觉得你蛮横不讲理，即使嘴上没说，心里也会对你回应同样的话。

第三句，“我恨你，我希望你永远也得不到幸福”。在分手时，难免会由爱生恨，对对方充满恨意。可是与你们之前的甜蜜相比较，这些恨意又算得了什么呢？如果对方听到你这句话，可能他连提出分手的那一丝愧疚感都没有了，只会觉得你尖酸刻薄、小肚鸡肠，会更快地远离你。

除了上面的几句，所有类似的可能会对对方造成伤害的话，我们都尽量不要说。分手了，我们最好和对方心平气和地道个别，多用像“祝你早日找到属于自己的幸福”“珍重”“我不在的日子里，好好照顾自己”等的话，让对方能体会到我们对他们的关心。真诚地说一声祝福的话，比硬着心肠说重话更好。

怎么暗示都不走的客人，下个有人情味的“逐客令”

现实生活中，我们总会遇到一些“健谈”的客人，不分场合时间地跟你东拉西扯。虽然他们说的那些话题我们觉得一点意思都没有，但他们却兴致勃勃地说个不停，还自以为我们也很喜欢。我们有空的时候还好说，但当我们想要挤点时间做些属于自己的事时，他们的不识趣就会让我们很难做。

三月初，有个以前和郑莱关系较好的同学来到郑莱所在的城市找工作，并想找到工作前先在郑莱租的地儿暂住，郑莱答应了。

可谁知道，转眼五月都快结束了，那个同学还没有找到工作。不仅如此，那个同学还真将这里当自己家了，干什么都很随便……

晚睡还放音乐，行李衣服随便乱丢，就连郑莱和女朋友专用的情侣杯子他也用。郑莱每次跟他说了他都不以为意，依然我行我素。本来家里一个月五六十元的水电费现在都升到了两三百元……总之，除了郑莱女朋友不是他的，其他的他都能当成自己的。

因为生活习惯很不相同，郑莱一直想下逐客令，可又不知道如何开口，这让郑莱十分苦恼。

热情好客是我们的传统美德，作为主人，我们应该全心全意地让客人吃好玩好。可一旦遇到了像郑莱同学这样的人，做事没有分寸，我们还一味迁就退让的话，就会让对方得寸进尺，越来越占用我们的空间和资源。这时我们应该做的就是趁早下逐客令，让对方知道自己该走了。

《中国故事》第14集中讲道：一天，同事季红喝醉了来找宝生，说要聊天。宝生很不情愿，几次暗示季红该走了，可季红却根本不理会。最后，无奈的宝生比较明显地下逐客令，这回季红才终于听懂了宝生的意思，她放声大哭起来，觉得宝生不把自己当朋友。

对客人说明“我今天不想继续招待你了”本就是件不容易的事，而生硬、直接的逐客方式显得尤为不恰当。这不仅会让客人丢面子，让客人觉得我们不把他当朋友，还会让客人和我们产生隔阂。那么，到底该如何下逐客令呢？

一天晚上，白媛媛老公的几个哥们儿来家里喝酒。谁知这酒一喝起来，竟然没完没了。虽然已经很晚了，但他们几个也没有要走的意思。

白媛媛想赶紧休息，就一会儿过去让她老公洗澡，一会儿过去问老公几点了，可那群人已经喝得七荤八素的，一直无视白媛媛的存在，依然在那里扯着大嗓门聊天……

白媛媛的老公自然明白她的意思，就悄悄地对她说：“不用着急，我有办法让他们走。”

过了一会儿，就听见老公对他那几个哥们儿说：“前几天，我和媛媛在宣传单上看到一个小区的房子挺不错，想买一套，但最近资金比较紧张，还缺几万块钱，你们几个手里如果宽裕的话……”老公顿了一下，转头对媛媛说：“媛媛，你把那张宣传单拿出来给他们看看，让哥几个给参谋参谋。”

等媛媛把宣传单找出来的时候，那几个人已经在门口开始告别了：“这么晚了，就不打扰了。”“以后有机会再玩。”“下次去我那儿。”

让客人离开原本就是我们在某一时刻不想再继续招待客人了的合理要求。日后，我们双方还是会一起玩、一起合作的。因此，我们在逐客的时候，最好不要让对方感受到我们对他们的不满和嫌弃，尽量让逐客不影响我们与客人之间的关系。

而像案例中的这种方法，不仅能让客人自己离开，还不会让客人觉得是我们不好客在撵他们走。这样既维系了我们与客人之间的情感，也能让自己达到逐客的目的。

这种比较委婉的逐客方式，在我们遇到那些难缠的客人时，尤其有效。为了让大家对这种逐客方式有所了解，我们列出以下几种方法供大家参考：

第一，找理由向客人借钱。像案例中白媛媛老公那样，编个理由，比如买房、买车、还贷款等，然后跟客人说：“我最近手头有点紧，缺点钱用，你能不能搭把手……”如果你跟他开口借钱了，借钱的数目还不小，他也不可能马上就答应你，必然需要一些时间考虑。这时候他为了避免尴尬，一般就会自己起身告辞，等想好了答案再通知你。

第二，和客人再约时间。装作最近有什么任务需要完成，跟客人说：“这个周末公司有个特别麻烦的项目，我还需要在家加班，好烦呀，我还没玩够。等有时间我们再约一次……”这样说，对方自然就会明白你需要马上开始你的工作，而你的下次再约也能让对方有一些新的期待，自然也会尽兴而归了。

第三，让客人聊天声音小一点。借由打扰到家里人休息，我们可以对客人说：“家里人习惯早睡，我们声音小一点，他们明天还有事情要处理。”一来让对方知道他已经打扰到你家人休息了，二来也提醒对方时间已经很晚了。一般情况下，这时候客人都会做出要走的选择。

下逐客令的方法很多，但总的原则是不伤害对方。如果能委婉地表达出自己的意图，我们就不要直白地去逐客，否则一旦伤害到他人，我们可就得不偿失了。

就算闹到绝交，也不说伤朋友自尊的话

关于绝交有这样一句话：“君子交绝，不出恶声。”它的意思是说品格高尚的人，即便与朋友情谊已尽，也不会出口诋毁朋友，说那些会伤害到朋友的话。然而，在现实生活中，我们大部分人都很难做到这点。

沈全然和贺英之间的友谊已经长达八年了，然而最近两人因为一些事情吵得不可开交。

在争吵了半晌，两人还是都不服输的时候，贺英说：“既然这样，那没什么好说的了，绝交吧！”

“绝交就绝交，贺英你这么狼心狗肺，我真不知道自己当初是怎么愿意和你做朋友的。”沈全然说道。

“我狼心狗肺？你是忘记你死皮赖脸地求我帮你办这办那的了吗？”贺英毫不客气地回道。

“你还好意思说我？要没我带着你，就凭你这个猪脑子，恐怕早就饿死了。”沈全然说道。

两人越吵越凶，后来甚至动起了手……

无论是与朋友还是恋人，走到绝交这一步，往往也是万不得已。有的时候，对彼此来说，只有以绝交来切断相互之间的牵扯，才是最好的选择。但是，绝交过后，我们或是因为内心不能接受这段感情的失去，或是因为绝交前积攒的怨气，常常就会对对方恶言相向。

在绝交的时候，已经没有了往日情感的束缚，也没有了未来利益上的互惠，还多了很多矛盾与裂痕。如果我们再恶言恶语，很可能就会让对方不留余地地回击我们。再加上我们能与之绝交的人，大部分可能都是我们曾经掏心掏肺的人，我们彼此都可能知道对方一些不为人知的秘密，这时对方能给我们造成的伤害恐怕也不小。

我们要明白，两个人走到绝交这一步，是双方共同的责任，我们不要因为目前的矛盾就否定了双方之前的情谊。毕竟之前双方也确实都付出了情感，付出了时间。

所以，若是实在无法挽回地走到了绝交这一步，也千万不要因为一时之气就对昔日的好友口出恶言，伤害对方。

魏晋时期，“竹林七贤”之中的嵇康和山涛之间有过这样一段故事：

嵇康和山涛本是挚友，但因山涛投靠司马氏为官，嵇康写下《与山巨源绝交书》和山涛绝交。虽两人政治选择不同，但双方在日后也都没有互相诋毁、出卖。

后来，嵇康因一直拒绝与司马氏合作被司马氏处死了。嵇康死之前，对自己的儿子嵇绍说：“山公尚在，汝不孤矣。”在临终前，嵇康还是选择将自己的儿子托付给已绝交多年的山涛。而山涛面对曾经写下绝交信的嵇康，也没有辜负这份信任，一直尽心尽力地照顾着嵇康的儿子，在嵇绍长大后，还力荐他入朝做了官。

多个朋友多条路。就算我们和对方绝交了，只要我们没有口出恶言，伤害到对方，随着时间的推移，当时的矛盾淡化了，在双方心中，还是会把对方当成朋友一样看待。可能再也不会和好如初，但是对方却可能在我们需要的时候再伸出援手。

和一个人建立感情本就是件不容易的事情，但当遇到一些不可抗力因素必须分道扬镳的时候，我们又不得不放弃。这时候，比起互相伤害将对方变成敌人，可能好聚好散，让彼此心里都记着这份情谊才是更好的选择。

那么，为了能够做到好聚好散，我们和对方绝交的时候，要注意不说哪些话才不会伤害到对方的自尊呢？

第一，赌咒发誓的话。很多人在情绪激动又想表明自己立场的时候就容易说“我发誓……”。在和朋友绝交时，如果对方还是态度友好地跟我们告别，我们一定要避免说类似这样的话：“我要是再和你联系，我就……”“我在这儿发誓，从今以后，我俩老死不相往来……”它们会让对方觉得自己热脸贴在了冷屁股上。

第二，带有“滚”的话。人们习惯在争吵的时候说“滚”，可是这句话真的会对人造成特别大的伤害，会让对方感受到我们对他的厌恶，还有我们对他的极不尊重。如果我们在绝交的时候对对方说了这样的话，对方就会觉得你就是打心眼里瞧不起他，这对他的自尊心打击是非常大的。

第三，抹黑对方的话。可能平常我们之间可以互相调侃，可是在绝交的时候，我们对对方的抹黑，就会让对方真切地记在心里。比如“你没一点脑子”“看你长的那个丑样，你以为除了我还有谁跟你做朋友”，等等，这些否定对方的话，本来就会让对方自尊受到伤害，何况又是从我们嘴里说出来，对方必定是十分难以接受的。

有时候，我们和对方绝交也是一时气头上的决定，如果气消了，可能也就和好了。可一旦我们在绝交的时候说出一些伤害到对方的话，特别是那些侮辱人、有损人尊严的话，是会让人记恨一辈子的。那时，我们之间的感情可能也就真的走到头了。

很反感朋友圈的产品推销，怎么表达不满

在朋友圈中，我们常常会遇到朋友向我们推销产品的情况。有时，尽管我们已经对此行为十分反感了，可是对方依旧不依不饶，隔三岔五地对

我们死缠烂打。这时候，我们到底该如何向对方表达自己的不满呢？

李蕾的好朋友张元最近做了微商，总和李蕾说自己卖的化妆品有多好，还寄了一套给李蕾用，之后还一直让李蕾买几套，支持一下自己的生意。

虽然价格特别贵，产品的牌子在网上也找不到，但一方面为了感谢张元的送礼物之情，一方面也是经不住张元的不断骚扰，李蕾就硬着头皮买了两套。

本以为买完了就能过清净日子，可张元还是不时地发来消息让李蕾买他的产品，李蕾虽然很讨厌他这样的行为，可看在感情的分上又不好开口拒绝，只能一直拖着。

后来，李蕾终于不胜其烦，回复道："你以后能不能不要再让我买了！你的产品，名称字母顺序都不对，网上也没有信息，买回来的东西放在那儿我都不敢用，你还整天让我买，我就算买了有什么用？"

自那以后，张元确实没有再骚扰过她，但他们两人也变得形同陌路了。

朋友圈营销也被称为熟人营销，它就是利用熟人之间的信任，拉不下面子，看重人情等特点，让人们无法像拒绝陌生人一样拒绝熟人的推销，从而完成产品的推销。而且因为具有这样的特点，其营销方式一般就比较"不客气"，一点不尊重我们的个人喜好，只想着如何把自己的产品卖出去。

如果我们遇到朋友的推销，感到不满时，对于不熟悉的朋友我们可以明说，实在不行把他拉黑就好了。可对于身边的朋友，如果明说必定会伤了他的心，让他觉得这点忙你都不帮，严重的可能就断送了这份友谊，那可就不值得了。

这个时候，我们就得找一种合适的拒绝方法，既能拒绝朋友的推销，又不会让朋友觉察到我们对他的不满，从而不会影响我们和朋友之间的友谊。

陈幕最近发现自己的发小唐朝做起了代购，时不时地会发一些皮包的图片，每次还介绍一款让自己买。可陈幕一直以来对这种购物方式很反感，每次谈到买包的时候，他就说“我有点急事要处理一下，回聊”。

可这种方法并没有打消唐朝的热情，他还是不断地向陈幕介绍着各种皮包，陈幕觉得有必要让唐朝知道自己的想法了，就在一次唐朝介绍完一款皮包的时候说道：“这个包不错，我要了，给我留一下哦，我去找媳妇要钱去。”

过了一会儿，陈幕接着说道：“不好意思呀，兄弟，这个包我没法买了。你知道你嫂子那人，我说拿钱，她差点跟我吵起来，还说再乱花钱就跟我离婚……”

唐朝以为自己挑起了家庭矛盾，便说：“你跟嫂子好好说说，包不买没事儿，你们可要好好过日子呀！”

后来，唐朝再也没跟陈幕推销过自己的产品了。

像案例中那样，因为在朋友圈里，大家互相都有一定的了解，当别人向我们推销产品时，自然是觉得我们有能力去买他的产品。这个时候，如果我们能想办法让他发现我们“丧失”了这种能力，那他就会觉得自己做的是无用功，自然就会偃旗息鼓，不再骚扰我们了。

这种方法不仅能拒绝对方，还能让对方以为我们本来是打算帮他的，只是因为某些原因，我们实在帮不了，从而对我们抱有好感。

那么，还有哪些“善意的谎言”或其他什么办法可以友好地拒绝朋友的推销呢？

第一种，如果之前买过产品，就说自己对这类产品过敏。像面膜、洗面奶类的化妆品，贴身衣物等容易引起人过敏的东西，我们在买过一次后，如果对方再向我们推销，我们就说：“亲爱的，不是我不买，我上次用了，过敏起的痘痘现在都没好，剩下的都还在家里放着呢，家里人都不敢用……”这样说的话，对方必定就哑口无言了。而且，稍微有点良心的还会对你心存愧疚。

第二种，如果之前没买过，就说自己一直都是用某个牌子，不打算换。

这也是个可以让人信服的理由。毕竟有些人就是钟爱某一品牌，不想试其他的。

第三种，如果是使用时间较长的东西，我们就可以说“真不巧，我前几天刚买了新的”。使用时间较长的像包、衣服、首饰等，这类东西一般也比较贵，我们用这个理由拒绝，对方也绝对没有能反驳的地方。但是如果东西使用时间短就不能这样说了，比如护肤品，对方就会等你用完了再让你买，你就不好拒绝了。

拒绝朋友的推销时，我们最好能给出对方一个理由，哪怕理由看起来有些牵强，我们也要说出来。就算显得苍白，也能让对方明白我们是不想买他的东西的，委婉地表达出来，怎么着也比直接拒绝造成的伤害要小一些。

面对惹怒你的陌生人，不要口不择言

大多数人在冷静的时候做事会比较有分寸，也能够有效地克制自己，但当被激怒之后，就感觉自己的内心不受大脑控制，仿佛一头被角斗士激怒的公牛，会毫不犹豫地对惹怒他的人表现出他的攻击性。

李成准备在年底结婚，便找了一家价格挺高的装修公司，想好好把自己的“新房”重装一下。

结果对方的工期一拖再拖，等到交工的时候都到了结婚的前几天了。本来这样就让李成很不高兴了，验收的时候又发现对方装修质量不达标，李成一下就火了。

“你们怎么干活的，时间拖了这么久，而且卧室的装修有按我说的来做吗？”

“对不起，对不起，这次确实是人手不够，带了几个新手，请您谅解一下。

要不，我们退您一些钱，您看行吗？”带头的工人说道。

“这是退钱能解决的事情吗？你以为我在意那点儿钱？你们这群废物！”李成怒气冲冲地吼道。

“你说话注意一点！”带头的工人说。

“注意什么，你们这些赖皮……”李成话还没说完，对方便上来和他扭打在一起了。

等工人们拉开他俩的时候，双方都挂了彩。

生活中这样的例子很多。一个人一旦被激怒，首先就会通过语言来宣泄自己的不快。因为愤怒，在表达的时候就经常会口不择言，什么话重、什么话伤人就拣什么话说。通常还会用很大的声音去说，试图通过语气和声音让愤怒表达得更全面。

虽然有君子动口不动手一说，但要是说出来的全是伤害人的话，和动手其实也没差别。特别是当对方还是陌生人的时候，我们少了人情的顾虑，可能说出的话也就会更具攻击性。

俗话说：“良言一句三冬暖，恶语伤人六月寒。”当我们对一个陌生人口不择言地说重话时，就是在伤害对方。而每一个人在被别人攻击的时候，都会做出本能的反击，这时往往就会从开始的出口伤人发展到拳脚相向了。

不仅如此，当我们在对陌生人口不择言的时候，我们可能觉得反正大家都不认识，吵过了打过了就再也不会见面了，所以就更无所顾忌。但我们不知道的是，这也会影响自己在别人心目中的形象。

张甜从以前的公司辞职后，最近在东奔西跑地面试。

有一次，在去一家自己非常看好的公司终面的路上，她遇到了一件糟心事。

由于乘坐的公交车比较拥挤，一个戴眼镜的姑娘不小心把自己的豆浆洒到了张甜的黑色皮鞋上，姑娘道了声歉就把头转过去继续喝自己的豆浆，张甜瞬间就炸开了……

“你眼瞎呀，知道我这鞋多贵吗！”

“你才瞎,不就洒了点豆浆嘛。一看你那鞋子就是地摊货,还装什么装！”姑娘回嘴道。

“你连地摊货都穿不起，还好意思说我？”张甜说道。

……

其间虽然有人来劝他们别吵了，但两人你一言我一语根本停不下来，直到张甜下车才结束。等张甜到办公室面试的时候，看到总经理时总觉得有些面熟，虽然她的表现挺好，但最后却没被录用。

回到家她才想起来，总经理就是车上劝架的人……

我们在愤怒的时候，就会把一切都不看在眼里，忘记周遭事物的存在。虽然我们认为事情只是发生在我们与激怒我们的人之间，我们的口不择言也只是针对对方，但我们的过激语言往往会让我们在更多的人心里形成负面印象。

美国得克萨斯州一位 18 岁男孩，因在玩游戏时表现不佳，被队友批评说：“噢，你抓狂了，你是个疯子，你的脑袋全部搅成一团！”男孩越想越气，随后在脸书上留言说：“对啊！我是疯了，我要把全校的孩子都杀光，然后啃食他们仍在跳动的心脏！”结果他被人匿名检举，遭警方逮捕并被以恐怖威胁的罪名起诉。

说者无心，听者有意。这种危害社会安全的话语会让人们对我们产生误解，有些言辞激烈的话则会让我们在围观者的心里留下不讲文明、恶俗等不好的印象。

我们在和陌生人争执时，很容易为了压制对方而说出一些不理性的话，这些话其实多半起不到想要的作用，反而会激发对方的怒气，让我们与对方的争执更加激烈。最后，给双方都造成了伤害。

所以，当我们在被陌生人激怒的时候，为了不伤害到对方，也为了不让我们在别人的心中留下不好的印象，我们说话的时候一定要注意以下几点：

首先，不要辱骂对方。一旦被激怒，我们第一时间就想对对方进行人身攻击。比如说“你就是只蠢猪”“你脑子坏掉了吗？”“你怎么一点儿脸都不要呀？”这样的话。这个时候，我们一定要控制住自己，不要讲这些话，因为一旦变成人身攻击，对方也会反击，你们就会陷入骂战之中。

其次，不要一味指责对方。被陌生人惹怒的时候，通常是对方做了什么不正确的事情。这时我们不要一味指责对方，不要一直纠结对方的错误，而应该想办法解决这个矛盾，提出方案比讨论问题的严重性更有实际作用。比如，我们可以把常说的“你说说你为什么这么做”“你是不是故意的？”等换成“那你说现在要怎么解决这个事呢？”“要不我们这样办，可以吗？”。

最后，要求不要过分。有时候，对方是愿意和平解决问题的，这时候我们千万不要因为自己的满腔怒火就乱提要求。很多不合理的要求一出口，对方就知道你是想找碴，本来人家都让一步了，你却进一步，对方自然就会反击，那时候再想和平解决就难了。比如，人家的车追我们车尾了，人家说愿意赔偿，我们就说“这可是你说的，那你就再赔我一辆！”，这样就是不可取的。

不过，归根结底，如果管理好自己心里的怒气，不因别人的言行而发怒，做到这一点，你就可以从容自如地面对生活中的很多不平事，也就不用太刻意关注发怒时应该怎么说话了。

第二章

领导不好沟通？掌握正确方法是关键

领导承诺的加薪没动静，委婉提醒好过当面质问

在职场上，我们常常会遇到领导为了激励员工，加强员工的积极性，给员工许“未来”加薪的诺言。这确实能让员工在一段时间斗志激昂，对未来充满憧憬。但是，等到我们完成了领导布置的任务，却不见领导有兑现加薪承诺的意向时，我们该怎么办呢？

张坚在毕业前找了份月工资2000元的实习工作，由于在实习期间，工作表现非常突出，领导想让他留下来，就找他来谈话。

领导说：“小张啊，你毕业后来这儿吧，我们虽然试用期工资只有2500元，但是在你转正后，我们会根据你的能力提升你的工资，像你现在这样的表现，一个月应该能拿到6000元左右，你考虑一下。”

张坚被领导说的工资吸引了，就答应了领导，办了入职。

可是，3个月的试用期过后，领导却迟迟不提加薪的事。张坚去找财务，财务说需要领导同意，张坚便气冲冲地去找领导。

“领导，试用期都过去这么久了，咱们之前说好的工资怎么还不涨呀？”张坚说。

虽然这之后领导确实给张坚涨薪了，但是张坚明显感觉到了领导的不高兴。后来，跟张坚一起进公司的业务能力还不如他的人陆续都升了职，只有他一直在“原地踏步”……

遇到这种情况时，如果不去跟领导说明，自己就会一直拿不到应得的工资。这样不仅会使我们承受一定的经济损失，而且还会严重挫伤我们工

作热情——我们会觉得领导不守信用，努力工作得不到回报，从而形成恶性循环，致使我们的工作状态越来越差。

可跟领导直说的话，又会让领导觉得我们只看重工资，欠缺对工作的热情。而且，直白的提醒可能还会让领导觉得我们在质疑他的人品。遇到小气一点的领导，就很可能和你记仇，从而在以后的工作中给你设置一些障碍。

那么，我们应该怎么样跟领导说加薪的事儿呢？

白尚古在公司工作三年了，业务能力一直不错。前不久他接手了公司一个棘手的项目，领导说如果这个项目做成的话，就给他涨 20% 的工资。

白尚古为了这个项目，一个多月来起早贪黑，常常在办公室加班到最后一个离开。最后，到了项目验收的时候，结果证明他做得很好。

可项目结束一段时间后，领导却一直没有说加薪的事儿，这让白尚古很是忧愁。

有一次，在公司聚会时，白尚古端着酒杯走到领导面前说道："谢谢领导对我的信任，上次把那个项目交给我，让我有机会锻炼自己！我敬您一杯，也为那 20% 的工资，谢谢您给我这个机会！"

领导笑着说："还是你能力突出呀，以后再接再厉！"

那次聚会过后的当月，白尚古就收到了涨薪后的工资单。

或许是忘记了自己之前的承诺，或许是想糊弄过去不给加薪，无论哪一种实际上都是领导的工作失误。但鉴于领导的身份，我们在提示他的失误时应该选择一些不会冲撞到他的表达方式，否则闹僵了，大部分情况下还是对我们员工不利。

所以，在领导忘记给我们兑现加薪承诺的时候，我们一定要选择委婉提醒的方式来让对方意识到对我们的加薪承诺。

下面，我们列举几种可以用来提醒领导兑现加薪承诺的方法，供大家学习。

第一种，利用庆功宴直白提醒。如果是完成任务的加薪，一定要讲究时效性，越早说出来越好。如果有庆功宴，就在任务完成的庆功宴上，用玩笑的口吻直接提醒领导加薪，比如："领导，我们可都在等着奖励兑现来犒劳自己呢！"这样既不会显得像在要钱，又能提醒领导他的许诺。

第二种，遇到屡屡不兑现承诺的领导，就在他交给你下一个任务许诺加薪的时候，提醒他："领导，咱们前几次说涨工资的事儿，财务都没给我涨，您帮我催一下。"强调财务部门没有调整工资的结果，让领导免得难堪。为了这次工作，领导肯定也会答应帮你问问，然后也就水到渠成了。

第三种，找个领导心情好的时候哭穷。如果领导不是那种特别死板的人，不妨找个领导心情比较好的时候，像他早上来突然一反常态地跟大家说早安，或者跟有的同事开起了玩笑。我们可以趁着这时候跟领导说："这个月房租又涨了，领导，你上次许诺的涨薪可不可以下个月帮我兑现一下，手头有点紧了。"领导经你这么一提醒，可能一下就帮你办妥了。

当然，除了沟通的技巧，还是要有实实在在的工作成绩。因为只要你在工作中不断做出成绩，突显自己的才能，便是让领导兑现加薪承诺最有力的提醒。

觉得上司的业务能力不如你？不服气也要尊重

在职场中，人们会遇到很多问题，而上司业务能力不如自己就是其中之一。这种情况并不少见，特别是以前的上司突然离职后，为了填补空缺，公司大多时候会选择空降一个领导过来。这样的领导可能对这个部门的业务并不十分熟悉，而是具备比较突出的管理经验，能够运筹帷幄，眼光独到。可当作为员工的我们发现一个领导的业务能力比自己还低的时候，我们或许就很难服气了。

张坤在自己的部门工作三年多了，做到了副经理的位置，不久前自己部门的经理突然辞了职，公司无奈之下从其他部门调了一个人来补这个缺口。

可是，新的经理来了之后，大家发现他对这个部门的业务熟练程度及相关经验都不如张坤。大家在私下都说："这个人凭什么当经理，怎么不让咱们副经理顶这个缺呢？"张坤听后也越发觉得自己比经理强，对经理也是越来越不服气。

有一次，经理在做一个项目时，张坤提出了不同的意见，经理就让张坤解释一下他的方案。

张坤说："你这个经理当的，这你都看不懂？你随便挑一个员工他都能给你解释，你看这里……"

虽然这个项目最后采用了张坤的方案，但从此以后，经理就利用各种手段对张坤进行打压……

我们一旦发现比我们职位高的人有不如我们的地方时，内心就比较容易产生不公平的落差，从而产生逆反心理，不服指挥。而且一旦发现了领导的不足之处时，我们就很容易将这处不足不断地放大，最后在我们眼里，领导变得一无是处。

这样的心理很可能导致我们越来越不服领导，觉得他做的所有决定都是错的，他所说的话都是不中听的，严重的还会将心里的这份不平衡化作态度上的藐视、语言上的嘲讽，甚至顶撞领导。

但对于一个职场人来说，这样的做法真的合适吗？答案显然是否定的，这样的方法除能让自己图一时之快之外，没有任何意义，对自己的职业生涯也只有负面的影响。

金耀的部门新招聘了一个主管，年纪轻轻，看起来比部门的其他人都小。

刚来的时候，由于业务不熟悉，闹了很多笑话，许多同事在私下都说："他是靠关系进来的吧，就这业务能力，我也能当主管了。"平时，经理布置任务时，大家也是对他爱搭不理的。

但金耀每次都帮主管说：“人家年纪轻轻就当上主管，肯定有他的过人之处。”每次主管吩咐的事要是没人做，金耀就去做了。

几个月以后，这个主管因为帮公司谈成了一笔大的合作，又被升为金耀部门的经理，金耀也沾了光被这个经理提升为了主管。

接触时间长了以后，金耀意识到经理虽然业务能力欠缺，但是谈判的手段特别高明，公司的许多大生意都是经理谈成的。

上司之所以会成为上司，通常有他过人之处。公司不可能平白无故安排一个没有突出能力的人去当领导，当你觉得上司的某方面能力不如你的时候，你就要想人家必定有其他方面的能力优于自己，比如经验、某些方面的资源、某些特殊的技能和知识，等等。

所以，就算我们对上司不服气，也要尊重自己的上司。只有学会尊重自己的上司，我们才能发现上司的优点和长处，才能慢慢改善我们的心态，让我们更好地对待自己的工作，从而让自己有所进步。

那么，在我们不服上司的时候，要注意哪些事情才能避免对上司不尊重呢？

首先，不要说嘲讽上司的话。人们在瞧不起一个人的时候，常常会想说一些嘲讽的话，特别是面对上司时，我们比他强的那种优越感会很强烈，有时容易流露出嘲讽的态度。这时我们要控制自己，不要说“你怎么这个都不懂？”“你是怎么当上……”之类的话。

其次，不在背后吐槽上司。员工们聚在一起的时候，往往喜欢吐槽自己的上级。我们尽量不要参与进去，而当被问及意见时，我们大可以说：“人家没有你们讲的那么糟吧。”一句简简单单的反驳，也是对上司的极大尊重。

即便你的上司确实糟糕透顶，也不要跟他对着干。你可以等他卸任或者你自己选择离开，远走高飞，这才是明智的选择。

面对猜疑型领导，每天递上一份工作报告

在职场中，有的领导生性多疑，对人毫无信任之心，这种类型的领导我们称为猜疑型领导。当我们的领导是这样的人时，我们可就得小心谨慎了，要不然一不小心就成为他的“眼中钉”。

赵茜毕业后，在一家公司的人事部门上班。刚开始，一切也都挺顺利。可最近，赵茜发现自己部门的副经理老找自己的麻烦。

“赵茜，昨天交给你的任务是不是没有完成就走了？”副经理凶巴巴地问道。

“我做完了才走的！”赵茜反驳道。

“那你现在做的是什么文件，不是昨天的吗？”副经理看着赵茜手上跟昨天她交给赵茜的差不多的文件问道。

“这是我今天刚刚从经理那儿拿过来的文件！你为什么老针对我，是不是看我好欺负呀？天天怀疑我，你是不是有病？”赵茜控制不住自己，一下哭了出来。

经理找到赵茜和副经理，问了缘由后，经理说：“副经理也是关心你工作的进度，你怎么能这么说话呢？”

赵茜被彻底激怒了，摔门而去……

我们在职场中，难免会遇到这样的猜疑型领导，他总是会觉得我们肯定又偷懒了，肯定没有完成任务就提前下班了，任务出现了问题肯定就是我们的错，等等。这种领导总是会把人往坏了想，各种罪名都会往他的员工身上扣。

而作为员工的我们，在被冤枉之后，不反驳的话只能白白受委屈，一旦委屈达到一定程度了，就算不跟领导吵架，我们也会因为受不了这么大的心理压力而辞职。如果我们愤而反驳，可只要任务跟我们有关系，领导

说他怀疑我们好像也在情理之中，像赵茜这样在日常工作中被经常怀疑的，领导说是关心工作进程，我们也会哑口无言。一旦争执起来，最终的结果肯定是对我们不利的。

那么，对于这样的领导，我们到底该如何应对呢？

李乐新到了一家公司，担任所在部门的副主管。开始上班之后，李乐十分认真，工作效率非常高。

经理于是批评主管要提高工作效率。主管心里很不平衡，觉得李乐不会干得那么快，一定是他在偷奸耍滑。

有一次，李乐负责的项目有一个环节出现了问题。于是主管就把李乐叫到办公室谈话。

“上次交给你的工作，是不是没有认真对待，你是不是为了赶工作进度，就不管质量了？这次造成的损失，你觉得应该怎么办？”主管本以为自己说完，就能让李乐自己辞职了。

没想到李乐拿出了一个厚厚的本子，上面写满了自己每天的工作安排，并在里面找出了失败的那个环节并不属于自己负责。最后，主管也只有让李乐继续回去工作。

转眼两个月过去了，李乐因为工作表现出色，被升为主管，原主管因为对工作不负责而被开除了。

对于多疑的领导，我们与他的交集也只有工作而已。那么，我们只要做好每天的工作记录，在他找我们麻烦时，我们的应对就会有理有据。当然，这还不是最妥善的方法，最妥善的方法是每天都跟他做一次工作汇报。

这样的话，如果他有什么问题，我们当时就跟他商量好具体的工作安排，保证每件事情都让他清楚明白。比如，他发现我们今天的工作中有一个方法使用不当，让我们换一个，我们就说：“那我这个改完了什么时候拿过来给您看呢？”或者：“您希望我什么时候完成这个任务呢？”得到具体时间要求后就记下来，下次他再怀疑你工作不认真，你就可以以此来反驳他了。

一些人认为工作汇报只是走形式，只要把工作做好，上司自然看得到。事实上，上司每天要面对很多下属，还有繁忙的本职工作，很难注意到你。如果你不重视工作汇报，不善于汇报工作，特别是对于那些多疑的领导，没有工作汇报就等于你没有上班一样，不仅不会因为你的努力让你升职加薪，还会觉得你什么都没有做而找你的麻烦。

所以，对于多疑的领导，最好每天去跟他汇报工作，加强和他工作上的沟通交流，让他看到你的所有工作安排，才能减少他的猜疑，也能尽可能避免我们与他发生摩擦或冲突。

被领导误会，也不要急着反驳

作为下属，要时常跟领导打交道，就难免会遇到被领导误会的情况：明明是同事的错，但领导偏偏把过错归咎到你身上；明明项目的负责人不是你，出了问题领导却把你批了一通；明明是领导自己的过失，却还要把你拉去办公室出气……

有一次，孙澜部门的一份文件出现了错误，经理以为文件是孙澜负责的，就把她叫进办公室一顿批评：

“你都在公司这么久了，怎么还会出这种差错？”经理指着文件上的错误对着孙澜吼道。

“您误会我了，那……”孙澜说。

“连这种最基本的处理程序都能出错，你还怎么带新人？”领导打断孙澜的话继续说道，“现在知道你为什么都做了两年，还只能在基层吧，一点上进心也没有。”

“您能不能先查清楚，那文件根本不是我做的，怎么说话这么难听！”孙澜说。

“还开始推卸责任了，像你这样的员工，我真是没法管了！”经理说。

孙澜觉得受了委屈，一直向经理解释，可经理不听，便跟经理吵了起来，闹得办公室的人都知道了。

虽然，事后经理发现是自己批评错了人，出错的文件确实不是孙澜负责的，但是因为之前的吵架，也让经理拉不下脸来原谅孙澜，硬是把孙澜调走了。

戴尔·卡耐基认为任何教训、指责，都会使人感到自尊受伤而进入自我防卫状态，并且往往会激起他极大的反感，促使他竭力为自己辩解。即当人们在被批评的时候，都会不自觉地想要反驳对方，为自己辩解。可想而知，当被领导误会而被批评的时候，我们想要为自己辩解的愿望有多强烈。

因此，大多数人在工作中遇到这种情况，第一反应都是马上反驳，急着想为自己澄清，这也是人之常情。然而，如果我们急于反驳，领导在不清楚事情原委的情况下很容易觉得我们是在刻意推脱责任，进而可能会更加严厉地批评我们。这个过程中我们可能会因为受了委屈而与领导激烈辩解甚至发生争吵。这样一来即使领导事后意识到自己错了，也会因为这次不愉快而感到尴尬，最终对我们职业发展产生不利影响。

那么，我们在面对领导的误会时，到底应该怎么做呢？

陈肖工作一向很认真，公司最近在组织一个和客户的互动活动，领导就把活动主持的工作交给了陈肖负责，活动中的每个环节也都安排了相应的负责人。

在活动计划中，有一个客户和公司员工做小游戏暖场的环节由周明负责。在彩排阶段陈肖一直催着要文案，周明却迟迟未能提交，直到活动正式开始前10分钟，陈肖才拿到文案。

后来，活动的这个小游戏环节进行得一团糟。领导怒气冲冲地找到陈肖说：“我让你提前彩排，你到底有没有按我说的做？会不会办事？”

“您批评得对，这次我对彩排安排得确实不够周全。其实，彩排时，周明的文案一直没有交上来，等到了开始前10分钟才给我，再彩排也不够时间了。”陈肖接着说，“这次活动的混乱让我很难过，辜负了您寄予的厚望。虽然周明没有按时提交文案，但这次活动的失败却也是我们整个团队的问题。您批评得对，作为负责人，我愿意承担所有的过错。”

领导听陈肖这么说以后清楚了造成活动混乱的主要原因不在陈肖，而且他又主动承担责任，便没有继续批评他了，不久之后，又重用了陈肖。

每个人都有强烈的自尊心，特别是在员工面前的领导。如果我们直接反驳领导，无异于火上浇油，领导只会更加厌烦我们。领导在批评你的时候，大多是想让你意识到自己的错误并虚心接受。所以我们应该抱着虚心受教的态度耐心听领导把话说完，并肯定领导对问题的重视，使他的情绪稳定下来，我们也才能有机会向他说明事情的真相。

而且，就算最终我们也没有拿出证明真相的证据来，也应示以良好的态度。这样起码能让领导觉得我们不是那种逃避责任的人，说不定他还会因为我们的态度对我们网开一面。

所以，我们在职场中，在应对老板的误会时，有时不必急于反驳，可以按照以下三个步骤处理：

第一步，对领导表示认同。当领导因为误会而批评、指责我们时，我们首先就要无论对错，承认领导说得对，说一些像“您说得很对，我这方面能力还得提高”“您批评得对”等的话，缓和领导的不满情绪，才能让他耐心听我们的解释。

第二步，表达自己对本次事件的感受。领导因为误会批评你，那就说明他觉得你犯的这个“错”比较大，那我们就也表达我们对这个“错”的看法。比如，“对于这次任务的失败，我也感觉非常难受”“这件事情没有处理好，我也很苦闷”，等等。让领导知道我们意识到这个“错”造成了不好的结果，表明自己与领导是站在一个立场考虑问题的。

第三步，说出真相。当领导开始听我们解释时，就跟领导说：“虽然那个任务我没有参与，但我也确实难辞其咎……”“虽然那个环节不是我负责的，但失败了我也是有责任的，下次我一定加强与同事们的沟通。”在讲清楚事情原委的同时主动承担一部分责任，可以在解除误会的同时表现出自己的担当。

要注意的是，我们在向领导承认错误的时候也要态度诚恳，不能有敷衍了事的表现；向领导解释的时候也要表达出对领导的敬重和拥戴的态度，让领导更能接受我们说的话。

其实领导没你想的那么顽固，说服并不太难

自古以来，说服领导都被认为是一件很难的事情。战国时期法家的集大成者韩非子曾经向韩王上书提出自己的主张，一直得不到采纳便退而著书，写了《孤愤》《说难》等著作，诉说了说服君王的不易。现如今的职场上也时常可以听到员工们私下里议论“我那个领导就是个‘老顽固’，我跟他说什么他都不会听……”

杨雪刚到一家公司，经理就交给她一个任务，让她在一周内完成。

可是因为对部门的业务不是很熟悉，杨雪有很多地方都不懂，自己查资料做起来很慢。她便想找自己的主管帮一下忙，可同事们却跟杨雪说那个主管很不好说话，总是主张自己的问题自己处理，要想让他帮忙还不如自己想办法解决。

杨雪还是去找主管帮忙了，她说：“主管，我现在手头的工作需要您的帮助，您有时间吗？”主管说：“能自己做的就自己做，不能做的再来找我。”

杨雪觉得领导拒绝了自己，便只好自己继续完成任务。后来，到了任务截止日期，杨雪还没做好，经理批评了杨雪，杨雪很难受，觉得都是主管太冷漠，不知道体谅员工导致的……

在一些员工的潜意识里，常常觉得领导总是不好沟通的。所以，他们在和领导表述自己的想法时，对领导的支持就不抱太大的希望，从而不太注意沟通的方式方法。事后，他们就感叹领导怎么这么难说服！

在职场上，虽然领导和我们是上下级关系，但是在实际工作中，大家不过是为了同一个目标承担不同的职责，有不同的分工，扮演着不同的角色而已。领导和下属相互之间更多的是协作关系，只是因为所处位置不同，对某些事情的了解程度和立场不同，导致双方有时候对问题的看法也会有不同。

然而更多时候，领导并不是我们所想象的那么顽固，只是我们没有用合适的方法将自己的想法清楚明白地说给领导听。

吴俞在公司工作三年了，工资只有第一年涨了一点，后来就再也没涨过，他便想向老板提加薪的事。同事们都劝他还是不要去碰钉子了，老板可是出了名的“抠”，要想说服他给加薪还不如跳槽来得容易。

但吴俞还是决定试一试。

有一天，看着老板心情还不错，他便走进老板办公室，跟老板打过招呼之后，吴俞说道：“老板，我到咱们公司已经三年了，虽然还不算老员工，但我对公司的感情很深，您的知遇之恩我也一直铭记于心。我觉得我对待工作也挺认真负责的，基本没出过大的差错。最近，因为女友的家里催着结婚，而我现在的经济条件也确实不宽裕，所以希望老板能给我增加工资。工资增加之后，我没了这些后顾之忧，也会更加全心全意地为咱们公司创造收益。”

老板听了吴俞这番话后说：“你的表现我也都看在眼里呢，是表现得不错。好，从下个月起，你的工资就先涨 30%，以后好好表现！”

干巴巴的陈述和没有条理的表达不仅不利于让领导接受我们的想法，反而会让领导觉得我们的想法不成熟。而像案例中吴俞这样的说服方式，态度诚恳，条理清晰，能让领导自然而然地接受我们的想法，不会感到牵强，从而有效地提升了说服领导的成功率。

这种说服的方法，既不是一味地求情，也不是一味地强硬劝说，而是先动之以情让领导能理解我们现在的处境，再晓之以理让对方把问题想通。让人于情于理都难以回绝你，甚至会推翻自己而采纳你的想法。

那么，在工作中，这种方法又该如何使用呢？

首先，表达对领导的尊重。在我们要向领导提出想法时，首先得让领导感觉到我们对他的尊重和拥护。只有这样，才能让领导对我们的想法更感兴趣。我们可以在刚开始的时候说一些真心表达拥戴的话，或者一些恭维的话。比如“通过学习您教给我们的方法，我觉得自己有很大的收获……”“您对咱们部门做出的努力，大家都十分感激……”。

其次，说出自己的想法。情感铺垫之后，我们便可以提出自己的想法。注意，在说的时候一定要将自己的想法说清楚。如果没有把握，可以事先打草稿练习，以免显得太草率而没有说服力。

最后，不要表现出胁迫的意思。在说完自己的想法后，对领导还是要十分尊重。不能说类似“您就按我这个方法来,这是最完美的方法了”的话，这会让领导觉得你在命令他，好像他只能用你的方法一样，没有领导喜欢被胁迫。所以我们要在最后说一句要领导来做决定的话。比如，“您看这个方法能不能行得通？”“您看这样可以吗？”。

说服领导其实并不难，我们要先摆脱自己心里对领导的成见，要相信，其实领导并没有我们想象中的那么顽固，我们应该迈出与领导沟通交流的第一步。

第三章

与同事有矛盾时，如何沟通最有效

同事抢了你的功劳，怎么办

辛辛苦苦地忙完工作，领导却没看到我们的努力已经挺让人郁闷的了，而更让人气愤的是有些同事还将我们的工作成果据为己有，去跟领导邀功。最后，抢我们功劳的人获得奖赏，被领导重视，而埋头苦干的我们却只能“默默奉献”。这个时候，我们到底该怎么办？

有一次，老板交代了一项任务，让黄姚去攻克一个大客户，并分配给他一名搭档，说是跑腿这类杂事就交给搭档去做。黄姚也十分照顾这个同事，基本所有事情都是亲力亲为，最终拿下了这单生意。

然而，这个同事却跑到老板面前将功劳据为己有。他告诉老板，黄姚虽然能力强，但做事不认真，而自己接连往客户那里跑了不下十趟，这才凭着辛苦和诚心拿下了这个大单子。

老板皱着眉头听信了那个同事的汇报，从此对黄姚有了看法，将那个同事升了职。

黄姚知道后，在办公室跟那个同事争执了起来：“活分明都是我干的，你怎么能脸皮这么厚？”

同事虽然有些心虚，但听到黄姚这么羞辱自己，也和黄姚吵了起来，最后两人甚至动起了手。由于两人对公司造成了不好的影响，最后都被公司开除了。

你和同事交流了你的方法，他却在会议上抢先说出了你的点子；你加班加点完成一份策划，和你一起什么都没做的同事却得到了所有的表扬；你主导完成了一个大的项目，但你的同事却告诉老板主要工作都是他做的。有一份针对上班族的调查，结果显示有超过 80% 的人为办公室政治所困扰，这其中大约 17% 的人是因为被抢功而困扰。

很多人在遇到这种情况时，由于心里又气又恨，往往会做出一些冲动的事，例如以牙还牙、辱骂、辞职等。然而，冲动不仅让我们与同事不能有效地沟通，反而还会让事情变得更糟。

所以，我们在遇到同事抢功的时候，首先要做的就是冷静下来，等情绪稳定的时候，再来和同事或者领导进行沟通以解决这个问题。

陈冲和吴然是同事，陈冲工作能力很强，而吴然却总喜欢偷奸耍滑。

领导前几天交给他们两人一个任务，让他们尽快完成。陈冲便加班加点地赶进度，吴然却始终不闻不问。到了要向领导做报告的时候，吴然自告奋勇地说他来负责。

做报告那天，吴然在上面说："虽然为了赶进度时常需要加班加点，但我一点都没感觉到累……"陈冲没有当场发作，等吴然下来后，陈冲找到吴然说："我刚听你报告时，说的是'我'而不是'我们'。你为什么要那样展示呢？"

吴然有点尴尬地说："可能顺口了吧，没啥事儿吧。"

"那可不行，你又不是不知道咱们领导喜欢猜疑，咱们还是去办公室跟他解释一下吧。"陈冲说。

"那好吧……"吴然灰溜溜地跟陈冲一起去了领导办公室。

被抢功时，冷静下来一方面能让我们给犯错的同事留下一些回旋的余地，否则一旦选择当场揭穿，造成的尴尬只会让彼此的感情破裂；另一方面也有利于我们找到能证明功劳是自己的证据，这样就算对方想赖掉我们的功劳，我们也有反驳依据。

那么，当冷静过后，我们又该怎么和领导或同事沟通来和平处理抢功的事情呢？

第一，跟领导沟通时，少说同事坏话，多讲事件经过。没有哪个领导会喜欢一个在背后说同事坏话的员工。即使确实是同事抢了功劳，我们也不要对他的行为评判太多，不要说“他这个人太不诚实了，老想占别人便宜”“你一定要严惩他，不然他肯定还会这样的”之类的话。我们只要讲清楚事情的经过，并拿出事先我们准备好的证据，让领导自己判断就可以了。这样就算后来领导惩罚了同事，也都是领导做出的决定，与我们无关。

第二，和同事沟通时，少说责备的话，多问原因。责备的话容易引起同事的反感，会严重阻碍我们的顺利沟通，我们一定不要说“你这么做太狼心狗肺了”“你也太没教养了”等属于人身攻击的话。要多问对方“你为什么跟领导汇报时没有提到我？”“我听领导说这件事都是你一个人做的，这是怎么回事儿？”等询问原因的话，给对方解释的机会，这样才能让对方觉得我们并不是指责他，而是询问。等他给出别人可能误会他的意思的答复时，我们就给他一个台阶下，再拉他一起向别人解释这“误会”。

如果遇到那些你没有办法向领导证明功劳属于你的情况，或是沟通后依然不承认过错的同事，我们也大可不必跟他争吵，因为这样的争吵不仅会让你的形象受损，而且无益于问题的解决。我们不妨吸取教训，以后再跟他合作时，有所防备，多留点证据，以免再次被抢功。

面对同事说人是非，听听就好

办公室的圈子本来就是非多，而生活中又总有那种喜欢说人是非的人。因此,在职场中,我们经常会遇到那种说人是非的同事。这时,我们不理他吧,怕伤害到对方情感；理他吧，又怕把自己搭进去……

张密很喜欢闲聊时跟人议论公司的同事。有一次，张密在和同事田浩吃饭的时候说："你知道吗？咱们经理的老婆可小气了，上次我去经理家里，想试试她的衣服，她都很不情愿！"

田浩就搭着话茬随口说道："这点我也有感觉，上次她来咱们办公室就只给咱们带了一篮水果，分都分不过来。"两人你一言我一语聊得很开心。

后来，部门准备提拔一名副主管，大家都认为田浩是不二人选。因为田浩的工作能力是部门中最出色的。可是，最后被提拔的人却不是他。田浩觉得自己很委屈，但是他也不知道问题出在哪里。

直到有一次跟副经理聊开了，副经理告知是经理听说田浩吐槽自己老婆小气，对他的印象变差，没有让他升职。

在职场中，有些人喜欢在私底下吐槽别的同事或领导，而这样的话题通常容易引起共鸣，我们很可能被吸引参与到吐槽中去。

常言道："静坐常思己过，闲谈莫论人非。"这就是在告诫我们，与人闲聊时尽量不议论他人是非。当你对别人品头论足、评判是非曲直的时候，就要知道，那些爱说人是非的人，很有可能在别的场合把我们那些吐槽别人的话再讲给别人听。

所以，在遇到爱说别人是非的同事时，我们一定不要在他面前说别人的不是，不让他抓住我们的把柄，以免不必要的麻烦。

曾静是一个从不在背后说别人坏话的人。她的两个同事因为一件小事闹得很不愉快。由于同在一个小组，两个人经常来找曾静倾诉，轮流向曾静说着对方的"坏"处。当其中一个同事对曾静说另一个同事的坏话时，曾静从不说自己对另一个同事的看法，只在适当的时候加进一两句劝导的话；当另一个同事来找曾静时，曾静也这么做。同时曾静还做到了一点：所有的"坏话"，无论是她俩谁说的，她都没有告诉任何人。

不久之后，当二人冷静下来和好时，都对曾静感激不尽，感谢她没让矛盾激化，对曾静也更加尊重了。

俗话说:“谁人背后无人说,谁人背后不说人。”除了一些别有用心的人,大多数人都只是为了宣泄心中的不满，才向别人说其他人的不是，而他跟我们说也就是把我们当作自己人，相信我们不会对别人说。

这时,我们应该让听到的议论都烂在肚子里,让同事知道我们值得信赖。如果我们将同事的议论转述给别人，一旦对方找同事的麻烦，同事就会对我们丧失信任甚至迁怒于我们。这样的结果大概是我们最不愿看到的。

当同事跟我们说别人是非时，我们还应该在和同事沟通的时候注意以下几点：

首先，不要表示赞同。当同事在议论别人的时候，我们就不要一起说别人的不好，也不能对同事的话表示赞同。不要说类似“他确实像你说的那样”“他就是那种人”等的话,这些话就会让同事有话柄可以到处传播了。

其次,面对同事的询问,多用模棱两可的态度。如果我们一直不表态,对方肯定就会问我们的态度，比如，“你说是不是这样？”“你觉得他是不是很坏？”等。这时我们最好不要直接回答他的问题，因为我们给什么答案都不好。我们可以说一些不确定的答案,比如,“其实还好啦！”“可能是吧,我不太了解他”等。这样既回答了问题,也避免了做是非的判断。

总的来说，在面对同事论人是非时，我们处理的原则便是既不让同事觉得我们不喜欢，也不让自己有把柄被同事抓住，争取听一听就过去了，互不伤害。

抱着欣赏的态度，学会赞美同事

在职场中，对于我们不喜欢的同事，我们在和他沟通交流时，难免会表现出厌恶。但是这样会让对方感受到我们对他的不友好和不尊重，使我们的人际关系越来越差。那么，我们应该如何改善这种情况呢？

张真很看不惯同部门的一个同事，两人之间的关系也一直很紧张。

然而在一次技术研讨会上，张真发现那个同事做的一个程序特别优秀，他就跟领导大力推荐这个程序，并一直夸赞他的方法很完美，比其他同事的都好。最后，领导真的采用了那个同事的方案。

会后，那个同事找到张真说："谢谢你。"

张真笑了笑说："没事儿，你那个程序确实做得很棒，水平很高，我是望尘莫及呀。"

"你过奖啦，周末一起吃个饭，怎么样？"同事拍了拍张真的肩膀说。

"好呀！"张真说。

从那以后，那个同事跟张真的关系越来越好了。

无论是谁，潜意识里都会想要得到别人的赞美。卡耐基说过："一句普普通通的赞美有时可以改变一个人的一生。不管是一个普通人，还是一个伟人，都希望听到别人赞美的话。"

得到别人赞美的人，会从心里感觉赞美他的人一直在关注自己，这就是对他自身价值的欣赏与肯定，让他意识到自己被尊重。所以，在生活中，那些懂得赞美别人的人，通常更容易赢得大家的喜爱。

因此，在职场中，那些懂得赞美别人的人，无论是和他们内心喜欢的还是讨厌的同事，都能相处得很融洽，顺利地合作。

李磊以前很不看好自己公司的同事张贺，他觉得每次跟张贺沟通都是一种煎熬。

可是，有一次，公司交给他们两人一个项目，让他们一起负责完成，项目中的很多东西都需要两个人沟通交流才能确定。

一天，李磊加班到很晚，没车回家了，张贺知道后，便开着车过来接他，说现在是一个团队了嘛，就要互相照顾。

"你这个人真是贴心。"李磊说道。

从那以后，李磊在张贺身上看到的优点越来越多，常常夸赞张贺，和张贺之间的感情也越来越好了。

赞美别人一方面可以增加别人对我们的好感，另一方面也能让我们越来越喜欢我们所赞美的人。这是因为当我们不断试图夸赞一个人的时候，我们就会越来越多地发现他的闪光点，从而减少对他的厌恶，这对双方的沟通来说是莫大的好事。

所以，在职场中，要想和大家和谐地相处，我们一定要学会适当的赞美。

当然，要想真正地让对方接受你的赞美，其实也没那么容易，我们一定要在表达的时候注意以下几点：

第一，赞美要有依据。虽然人们都喜欢听赞美的话，但不是任何赞美都能使人开心。只有那些有依据的赞美才能让对方感到身心舒畅，比如，你看到女同事穿了件新衣服，挺适合她，你就说："这件衣服好漂亮，很适合你！"而那些毫无依据，仅仅是为了说好话的赞美，只会让对方觉得你为人虚伪，严重的还可能被认为你是在嘲讽人家。比如，你看到一个相貌平平的女同事，还夸她"你真漂亮啊"。

第二，赞美内容要尽量具体。一些泛泛而谈的赞美，可能并不会让对方感受到我们的诚意。比如，我们说"你的工作能力真强"，这样的赞美只会让对方觉得我们不过是在恭维他。我们一定要在夸赞对方时，加上我们为什么这么夸他的原因，这样才能让对方感受到我们的诚意。比如，我们知道他刚刚独自完成了一个大项目，我们可以说"这么大的项目你竟然自己就完成了，你的工作能力真强，以后我可得向你学习了"。

第三，赞美语气要热情、友好。在赞美别人的时候，要用热情、友好的语气让对方觉得我们的赞美是发自肺腑的，以免对方觉得我们是在敷衍他。

把赞美同事当成一种习惯，无论对方表现出害羞、惊讶还是欣喜、感激，从那时起，我们就已经获得了更好的人际关系，减少了很多烦恼。

不同意同事的观点，如何反驳

在职场中，我们和同事之间少不了观点的交流，既然有观点的交互，那就难免会出现我们不同意对方观点的情况。当发生这种情况的时候，我们可能需要对对方的观点进行反驳，那么如何反驳则须讲究方式方法。

张云是个很活泼的女孩儿，点子多，做事有股冲劲，刚开始，同事也都挺喜欢她。

有一次，一个老同事在向新来的同事讲一个程序的使用时，张云发现他教的那个方法不够便捷，便跑过去说："你说的这个方法不行，太麻烦了，你应该……"

没等她说完，老同事就去忙自己的事情了。

还有一次，一个同事在和她说公司的薪酬模式时，她觉得同事说的内容有些过时，便说道："你这方法都是上个世纪的了，现在人家早就变了……"同事后来忍无可忍和她大吵了一架。

……

后来，她几乎得罪了所有跟她讲话的同事，大家也都不愿意跟她说话了。

我们反驳同事时，通常都掺杂着以下两种目的：

第一种，为了提出正确的观点。这时候，我们的反驳没有一点恶意，只是为了让对方认识到自己的不足之处或者给对方多提供一种思路，让其可以加以改善。

第二种，渴望得到尊重和重视。因为每个人的心里都是渴望得到尊重和重视的。因此，人们常常会做一些能够证明自己的事情来吸引别人的关注。当发现自己的观点不同于其他人，特别是在觉得自己的观点更具优越性的时候，便会下意识地站出来反驳别人。

不过有时候如果我们不注意表达的方式，就很可能被误会为仅仅是抱着第二种目的。这是因为人们在内心都有一个防御机制，当别人来反驳自己的时候，就会下意识地觉得对方是自己的敌人。如果我们再过于直白地表达自己的看法，大多数时候同事都会认为我们不过是想以打压他来显示自己的优越性，便会对我们充满厌恶。

那么，我们到底该如何反驳自己的同事，才能不让他们感到厌恶呢？

最近，李秀所在的公司在和另一个公司洽谈一个大的项目。领导为了保证项目的顺利实施，特意让李秀的同事任飞把事先做好的策划书拿出来让大家看看。

任飞的策划书近乎完美，大家看后都赞不绝口。李秀却在其中发现了一个错误，她认真地看了一会儿才对任飞说："你对这个项目考虑得非常全面，策划也做得很好，但我发现可能在第三个方法的选用上有些不当……"指出策划书上的问题后，李秀接着说："我觉得可能有一点点问题，你可以再看一下。"

事后，任飞还特意来感谢李秀帮他指出了错误，让他避免了更大的失误。

我们都知道沟通时表达要清楚明了，才容易让对方明白你的意思；但在某些情况下，表达如果过于直接，反而达不到沟通的目的。如果我们先入为主地反驳对方的意见，只会让对方对我们加强戒备，反而不利于对方听取我们的意见。我们的态度越强硬，对方越听不进我们的话。

说话之道，在于让人心服口服，反驳对方亦是如此。在反驳中，我们只有调整好自己的心态，用给对方建议的方式说出我们不同的意见，以友好的态度让对方明白我们并不是他的敌人，才能让对方更好地接受我们。

在工作中，我们反驳同事的时候具体又该怎么做，才能让同事接受我们呢？

首先，要肯定同事。无论同事的想法有多糟，我们都要先肯定对方，说一些夸奖的话。比如"你的想法很有创意""你这个方案很优秀"等。只有先肯定对方，才能让对方卸下心里的防备，从而能听我们说下去。

其次，多用商量语气。我们在表达自己的看法时，一定要注意语气，多用商量的语气，才能让同事欣然接受，否则对方会觉得我们只是为了卖弄。比如，多说一些“我觉得这样做能更好一些”“如果把那里改一下，你觉得会不会更好一些”等这样的话。

再次，同事提出异议时，先给予肯定再转折。当我们提出自己意见时，同事可能会反驳我们，这个时候，听完后，我们不要说“你这样分析不对”等否定同事的话。就算对方的分析不对，我们也要说一些像“你这么说也对，但是……”或“你这样想确实也有道理，可是……”这样以肯定语气开头的话。只有这样才不会让对方情绪陷入激动中，我们才能和他继续讨论。

最后，还应注意在非原则性问题上，能不反驳的就不要反驳对方了。毕竟在反驳别人的时候，双方很容易就会陷入争执当中，进而可能伤害到彼此之间的情谊。

第四章

开启正确的聊天模式，轻松搞定难缠客户

客户越挑剔，你越要冷静

在工作中，我们经常会遇到一些客户，对我们的产品百般挑剔，总是觉得这里不好，那里还有问题。对于这种难缠的客户，我们常常比较容易失去耐心。

一天，汽车销售员田平接待了一个客户，他让田平带他去看奥迪 A6。去了之后，这个客户便将车子里里外外看了个遍，并不断地挑毛病。

“你们这款车就只有这两种颜色吗？这都不太好看呀！”

“这个座位怎么这么挤？我记得 A6 空间挺大的呀！”

“这车的音响怎么不太好，听起来有些杂音。”

……

刚开始，田平还能耐心地介绍，后来，半个多小时过去了，那个客户还在前后左右地看车、问问题，田平开始觉得这个客人不像是来买车的，倒是像来挑毛病的。

“你们这个价格有些贵呀，能不能少一些？”客户看着标价牌问道。

“我们卖的都是这个价，嫌贵就别买了。”田平不屑地说道。

“你这是什么态度？”客户被激怒了，两个人便吵了起来。

经理过来调解了矛盾，但客户还是生气地走了。后来，那个客户在他们旁边的 4S 店买了一辆奥迪 A6。

在和客户沟通的过程中，一旦失去了耐心，就会忽略客户的很多需求，会从心底里开始排斥客户，觉得客户就是来耽误我们时间的，并不是真心想买我们的产品，从而放弃客户。但是，事实真的如此吗？

美国著名销售大师汤姆·霍普金斯认为客户的异议就像金子，他说："一旦遇到异议，优秀的销售员会意识到，他已经到达了金矿；当他开始听不同意见时，他就是在挖金子了；只有得不到任何不同意见时，他才真正感到担忧，因为没有异议的人一般不会认真地考虑购买。"

这就好比我们去买东西，遇到喜欢的东西，想要买了，就一定会仔细地看，琢磨它有哪些问题，有什么缺陷。而那种随便看看的，不太需要的东西，我们也可能就是随便问问价格，大概看一下，不会关注太多。同样的道理，客人越是想买我们的东西，就越会挑剔我们的产品，只有不断地提出异议，他才能对想买的东西了解得更多。

我国台湾地区有句俚语："嫌货才是买货人。"意思就是说，只有嫌弃产品有缺陷的人才是真正想买产品的人。因此，如果客户开始对我们的产品表示异议时，就表明他在心里已经动了购买的念头了。这时我们一定要保持冷静，千万不要对客户爱搭不理，否则的话，很可能就会失去一单生意。

郑薇薇在一家房地产公司从事销售工作，工作态度非常认真。

有一次，一个客户说要去看房，郑薇薇便领着他去了。

到了房间之后，客户看了一会儿说道："这间房的窗户有点小，有没有窗户大一点的户型？"

"有的，我这就领您去。"郑薇薇又领他去了一间带大窗户的房。"这间房中间怎么有两根柱子，太碍事了，能再给换一间吗？"

"没问题，我再帮您看看。"郑薇薇又带他看了一间房。"这间房的楼层有点高，能不能再帮我找找其他的？"

"可以，只是您想看的价位这些都是最好的。您看看我们这个刚开始出售的楼盘的户型就很符合您的需求，不过价钱稍微高点儿。"郑薇薇指着图纸给客户解释道。

"没事，就冲着你这服务态度，我也应该多花点儿钱。"客户说。

最后，郑薇薇完成了这笔大单子。

对于挑三拣四的客户，尽管我们心里可能十分地不喜欢，但仍要理解客户对产品有异议的心理，对其提出的问题都应该表示欢迎，跟客户认真地讲解产品的优势，为他解决心中顾虑，不要害怕产品被客户嫌弃，要学会在客户的异议中寻找更好的销售契机，进而完成交易。

而且，我们在处理客户的各项异议的过程中，客户也能感受到我们的服务精神。或许我们的产品的确有不能让他十分满意的地方，但他却很可能会因为我们的服务而忽略那一点点的瑕疵，甚至还有可能因此成为回头客。

在实际工作中，对于挑剔的客户，我们又该如何做到冷静对待呢？

首先，面对客户的比较不反驳。一些有经验的客户，在选购商品时习惯货比三家，然后提出我们产品的不足。比如，一个来买电脑的客户，多家对比后他可能会说：“你这个配置的电脑，在别家买比你们低两百元呢！”我们一般情况下不可能掌握市面上所有同类产品的价格，我们不要急于否定客户，以免被抓住话柄，我们可以说一些我们产品其他方面的优势来弥补就好，这样也能避免跟客户产生意见分歧。比如，我们可以说“虽然配置一样，但我们的售后是本地区最好的，而且两年之内都是免费更换所有部件的”。

其次，对于产品的瑕疵不狡辩。可能有时候，客户指出的我们产品中的一些瑕疵是确实存在的，比如，买房的时候，客户发现我们推荐的房子的小区配套设施不齐全。我们对此若是一味地狡辩，只会让对方嫌你不真诚；我们可以给予客户承诺，比如，“这个问题我们会跟物业协商，一周内一定给您一个解决方案”，这样既承认了问题，又能让客户安心。

不怕客户嫌弃产品，而且能听得进客户所有的意见，并能冷静应对，这些是做好一名销售的基本功。

犹豫不决型的客户需要一点危机感

在工作中，我们经常会遇到这样的客户：他们对我们的产品很满意，也确实有需求，而且我们提供的服务也不差，但一谈到购买时他们就会拿各种理由搪塞。这类客户被称为犹豫不决型客户，当我们面对这样的客户时，往往感到十分纠结。

张芳在一家化妆品店上班，负责化妆品的销售。

有一天，一位顾客进店后便直接去看了店里卖得很好的一个品牌，并向张芳咨询了很多问题，眼看这笔生意就要成交了。

张芳问道："那您需要拿一套吗？"

顾客踌躇了一下说："我再考虑一下吧。"

张芳看得出来这位顾客是想买的，可是不知道为什么下不了决心。张芳接着说："这款产品真的很好，不用再考虑了，您拿一套吧！"

"我还是再看看吧！"说着她就往其他产品区走了过去。

"哦，好的，那您考虑好了再过来。"张芳说。

"嗯。"顾客说完，大致看了一下其他的商品就出去了，张芳的这单生意也就黄了。

犹豫不决型客户的想法通常不是很明确，对待事物的态度也是忽冷忽热，遇事喜欢敷衍、拖延，处理问题比较迟缓；而且喜欢逆反思维，不愿意别人看透自己或指挥自己；总是盯着事情坏的一面，很少去想好的一面。

对于此类客户，"我再考虑考虑"是他们最常用的托词，很多人对于这种情况都缺乏好的办法。要么顺着客户的想法让其考虑考虑再决定，这样往往客户就因为我们的放手而少了份要买的理由，更加坚定了不买的决心；要么强硬地劝导客户现在就买，如对客户说"您就别考虑了，产品很适合您的需求"，但这样强势直接的劝说不仅不利于打动客户，反而容易引起客户的反感。

那么，对于这类客户，我们到底应该如何应对呢？

陈明是一家房地产公司的销售员。前不久，有位刘先生想要在陈明负责的楼盘中购买一套房。但是，一周过去了，刘先生还是没有付款。

陈明对此非常着急，于是主动给刘先生打电话。他说："刘先生，您好，我是 ×× 楼盘的陈明，打电话来想跟您商量一件事。"刘先生在电话那头应道："你说吧！"

陈明慢慢地说道："是这样的，您让我们为您预留的那套房，已经有另外的客户看中。因为您先做了预留，所以现在我想询问下您的意见。您很有眼光，选了这个位置的楼盘，现在那边楼盘十分抢手，我这边也不能给您一直预留着了。"

刘先生说："那这样吧，我明天去你那里签合同怎么样？"陈明克制住自己激动的心情，尽量平和地回复道："好的，明天见，刘先生！"

既然客户下不了决心，我们又不能直白地帮他做决定，那我们就给客户制造他必须做决定的情境，让他产生危机感，让他觉得如果自己不马上做购买决定就会错失好的产品。

当然，我们在制造危机感的时候还需要在和对方的对话中加入一些诱导因素，让他选择接受我们的产品。如果只是强迫他做出选择，那他多半会选择没有风险的那种方法，即不买我们的产品。

那么，在工作中，对于犹豫不决型的客户，我们应该如何制造危机感呢？

第一，给客户出选择题。对于有购买意向的客户我们可以为他们提供不同的购买方案，在心理上促使他们在不同的购买方案上做选择题。常用问话方式有"您喜欢这款的还是那款的？""您喜欢商务型的笔记本还是游戏型的？""您打算买一套还是两套？"等。

第二，给客户一些建议。有些客户在买东西时，会咨询我们的意见，这时我们替客户做决定反而会让他觉得心里没底。我们可以给他建议，在建议里明显偏向一个选择，从而让他自己做出选择，自己做出的选择他也没理由再拒绝。例如，客户在买衣服时问我们：“红色和粉色哪个好看？”我们就说：“两种颜色都不错，但粉色比较流行，而且也很适合您，您觉得粉色是不是更好呢？”

第三，设定最后期限。给我们的产品设定最后期限，让有意向购买的客户有紧迫感——“万一现在不买，到了时间真没了怎么办？”这样的方法就类似于案例中陈明的做法，不仅让客户必须做出选择，还在设定期限的时候说出了自己产品的长处，能让客户在选择时，更加倾向于我们的产品。

这些犹豫不决的客户，我们一定要认真对待，使尽浑身解数，因为他们中的大部分都是有购买欲望的，对于我们来说，他们就是最大的潜在客户。

别被客户口中“为了今后的合作”迷惑

与客户的沟通就是一场心理战，在这场心理战中，只有明确看清客户想干什么，我们才可能打赢这场“战争”，从而实现我们与客户的顺利合作。

钱思思在一家服装店找了份工作，负责接待客人和销售衣服。

有一天，一位顾客来到了店里，钱思思就给她介绍了几款衣服。顾客看上了一件风衣，但因为价格太高，一直在和钱思思讨价还价。

“那少500元行吗？我就再退一步，怎么样？”顾客说。

“那我也退一步，我再送您一条围巾，价钱真没法减了，再减就得我自己给老板补差价了。”钱思思说。

“你卖一件不也有提成吗？这样，你把这件少500元卖给我，我回头让我的姐妹们都来这里找你买衣服，你看怎么样？咱们又不是只做一次生意的。”客人说。

钱思思犹豫了一会儿说："那好吧，那您回去可得让您的姐妹过来找我呀！"

结果，钱思思因为这单生意没赚到什么钱被老板训了一顿，而这个顾客后来也没有带着她的姐妹来买衣服。

我们在和客户谈生意的时候，双方都是从自身的利益出发。我们为了让客户买我们的产品，会跟客户说我们以后能给他提供优质的售后服务。客户为了以更低的价格完成交易，也会跟我们许诺一些将来的事情，比如许诺将来的合作。

对于这样的承诺，我们常常会很受用。一方面，我们确实不是只想与客户做一次生意，我们自然也想发展一些老客户，让我们的生意能有更好的发展。另一方面，我们在和客户沟通的时候心里多少会有成交的倾向性，于是为了一个未知的承诺可能就会轻易做出让步。所以，这个时候我们可能就很难再开口驳回客户的要求。

但是要知道，我们对客户的承诺是真实存在的售后服务，我们讲出来强调一番，也是必定可以兑现的。而客户对我们的承诺却只是口头的一句"为了今后的合作"，并没有什么保障。

那么，在客户说了像"为了今后的合作"这类的话，我们到底应该怎么做呢？

刘丽最近在负责公司和投资方的一个合作项目，方案和对方都交流得差不多了，刘丽便约了对方一起谈投资款的事情。

"我看了你们的策划方案，做得不错。但是我想在咱们计划的数额上减少百分之五的投资。"客户对刘丽说。

"为什么？是我们的方案还不够完善吗？"刘丽问道。

"我的意思是，咱们这是第一次合作，但事情不能只看眼前是不是？毕竟彼此还不是太了解，你让我们少投点，我们少点风险。如果成功了，以后我们会记着这份情的，就会长期合作了！"客户解释道。

刘丽考虑了一下说："您看，这是我们第一次合作，您对我们的方案也很满意。如果将来因为资金链出现了问题，导致我们项目的失败，您难免会觉得我们不是好的合作伙伴，我们也将错失您这么大的一个客户，这对双方来说都将是很大的遗憾。"

"那好吧，咱们按原来的金额签合同吧。"客户想了想说道。

仅仅凭一句"为了今后的合作"，我们千万不能随随便便地就做出让步。对于说这句话的客户，我们应该知道，他们其实内心是有购买或合作欲望的。客户只是想通过这种方式来让我们做出让步，为自己争取更大的收益。

如果是本来就能成交的生意，我们因为受到这句话的迷惑，从而做出了让步的决策，那我们这次成交的结果必然不是最理想的。

所以，当遇到这样的客户时，我们应该用以下的方法与他们沟通：

第一，"我同意您的说法，但我也没有办法"。当客户给我们提出了要求，要求我们退步的时候，我们可以用权限不够来拒绝客户。在不引起客户不满的情况下拒绝他，我们就可以绕过这个话题继续和他谈合作了。比如："我也想帮您，但是公司有规定，这次的这个要求我确实无法满足您。"

第二，问清客户让我们退步的原因，从原因上反驳他。在对方让我们退步时，无论他们是为了获得利益还是害怕承担风险，我们都可以直接问他们原因。比如："我希望咱们的每次合作都能做到更好，您让我们退步，可能是觉得我们还有做得不好的地方，您可以给我们指出来，我们一定尽力改善。"问出原因后，我们可以就原因向他解释，让他觉得还是按先前谈好的比较合算。比如，对方说是担心我们的产品质量，我们就可以说："既然是这样，我觉得您才更应该出更多的资金，只有这样我们才能给您提供更高质量的产品。"

第三，给对方许诺今后的优惠。我们可以这样和客户说："因为第一次合作，我们都有些担心合作得不好。那我们就按之前确定的价格，这样对双方都有保障，等下次我们再合作了，我一定给您优惠。"用客户的方法来说服客户，让他没有办法再反驳。

当然，如果对方说了“为了今后的合作”，并且做了让我们十分确定下次再合作的事情，如签了合约、找了担保人等，我们如果还想继续跟对方合作，不妨就退一步，以保持我们和客户之间的良好关系。

积极应对客户的抱怨

在接待客户的过程中，我们都会遇到客户抱怨的情况。无论是想要买我们产品的客户，还是已经买了我们产品的客户，都可能会对我们产生一些抱怨。这时，我们应该如何应对呢？

赵蝉是一名汽车销售员。有一次，他接待了一个客户，本以为对方是来买车的。结果发现他是买过车的客户，回去后发现汽车的动力系统有问题，来投诉和要求解决问题的。

“你们卖的什么车呀？价格比别家没低多少，毛病却挺多。”那个客户冲赵蝉嚷着。

“您还记得是谁卖给您的吗？您可以找他咨询一下。”赵蝉微笑着说。客户说了名字，赵蝉知道那个人已经辞职了，就对客户说：“卖您车的那个人已经辞职了，您要不找我们经理去说明一下情况？”

“你们这是想推脱责任，不想负责是吧？”客户怒气冲冲地说道。

“你这人怎么不讲理？又不是我卖给你的，你凶什么凶？”赵蝉也没好气地回道。

两个人一下就吵了起来……

顾客的抱怨大多是因为我们的产品或服务没有达到他们的预期。通常，我们对于客户的抱怨多少都会感到头疼，总是习惯把顾客的抱怨当作一种麻烦，单纯地把抱怨看成会给企业带来负面影响的东西。

抱着这样的心态，我们去处理客户的抱怨时难免会失去耐心，流露出消极态度来。但是，这样往往导致客户对我们越来越失望，有的甚至可能因为我们的态度跟我们发生争执，让我们的工作也越来越糟糕。

一位市场营销专家曾说："与顾客之间的关系走下坡路的一个信号就是顾客不抱怨了。"因此，可能顾客有抱怨并不可怕，可怕的其实是我们不会正确地处理顾客的抱怨，从而带来的不良后果。

方胜在一家五星级酒店做大堂经理。有一天下午，三个外国客人跟他打听酒店游泳池的位置。可是，酒店游泳池已经被其他部门征用了，方胜只好告诉他们游泳池暂时用不了。

"我们晚上就要坐飞机回国了，想游个泳都不行，你们酒店真是太糟糕了！"一个外国客人说道。

"对不起，实在不好意思，我们给您造成的不便还请谅解。您不介意的话，可以在这儿稍等我一下吗？"方胜礼貌地问道。

"好的！"客人回答道。

过了一会儿，一辆豪华轿车停在了大门口，方胜过来跟客人说："对不起，让您久等了。离这儿不远有我们集团的另一家酒店，那里的游泳池正在开放，你们可以到那里游泳。我们将会把你们的行李也带过去，至于轿车费用，全部由本酒店承担。您看，可以吗？"客人满意地点了点头。

这家酒店给他们留下了非常深刻的印象，后来他们再出差的时候，又都选择了这家酒店入住。

有研究发现，如果能把客户的抱怨解决圆满，他们的忠诚度往往会比没有抱怨的客户更高。即使没有解决，客户的抱怨也能给我们指出产品或服务存在的不足之处，为今后的改进工作、提高客户满意度提供了思路。

所以，有效地处理客户抱怨不仅可以让我们的业务能力得到完善，而且企业如果能够提高对客户抱怨的重视度，就有可能通过客户的抱怨来改善产品和服务，从而提高客户的忠诚度，减少客户和我们之间的摩擦。

那么，我们该如何有效处理客户的抱怨呢？

第一步，激励客户。在客户抱怨的时候，我们不能让他一直处于消极的状态，得用肯定、理解的态度来缓解他的不满情绪，拉近客户与我们的心理距离。比如，客户跟我们抱怨时表现得十分生气，我们可以说“感谢您的支持，让您生气真不应该，请您不要生气了”“您说得很对，我们确实有处理不周到的地方”之类的话。

第二步，向对方做出口头保证。在让对方知道我们和他站在同一立场以后，我们就要立即向对方表明我们会帮他解决问题的意愿，让他安心。比如，我们可以说“您反映的情况，我一定会帮您解决的，您可先安下心”“您反映的问题很重要，我们会高度重视的，一定会给您一个满意的答复”之类的话。

第三步，给出答复。无论我们提出的方案是否能让对方满意，都必须给予交代，让客户知道处理结果到底是什么样的。如果忙活了半天，对方也没等到我们的答复，只会让对方觉得我们做事不负责，敷衍了事，白白浪费了他的时间。

总之，面对客户的抱怨，我们应抱着积极的心态去处理，将其视为我们工作中的一个重要环节，这样便能在帮助客户解决问题的同时展现出我们良好的沟通意愿和服务精神。

第五章

与竞争对手沟通，巧妙表达求双赢

如何正确地说竞争对手的“坏话”

在向客户销售产品的过程中，我们有时会选择说竞争对手的“坏话”来让客户感觉对手的产品不如我们的好，从而选择我们的产品。可是，这种“坏话”说得不好就会让我们惹上麻烦。

陈东是一家4S店的销售员，这家店旁边还有一家4S店。

有一天，他接待了一位女顾客，她过来就看了一款挺贵的车，还问陈东：“你觉得你们这款车和隔壁的新款车型比起来怎么样？”

陈东想让女顾客更看好自己的车，便跟女顾客说道：“您问我那款车怎么样？告诉您吧，那款车太差了，线条不明显，车屁股还大，内饰粗糙，怎么能跟我们这款车相比呢？”

结果，女顾客听后还是不能下决心，就又去了隔壁的4S店，她将这些话又告诉了那边的销售员。那边的销售员听到后十分生气，便开始说一些有的没的来诋毁陈东店里的车。最后，女顾客没有买车就走了。

下班的时候，隔壁的销售员过来找陈东，质问他为什么破坏别人的生意，两人发生了激烈的争吵，还差点动起手来……

一般情况下，做销售的人在入职的时候都会被告知，在和客户的交谈中，不能随意在客户面前提竞争对手的名字和说竞争对手的坏话。因为，在我们和客户说竞争对手坏话的时候，很容易会给别人留下话柄。一旦这些话传到了竞争对手那里，就很可能会引发双方互相恶意诋毁的事情。

而且，就算没有传到对手那里，当我们直白地向客户吐槽竞争对手的各项缺点时，无论这些缺点是属实的还是我们主观上有意夸大的，都难免给客户留下喜欢背后说人坏话的印象，进而会使他对我们的品德产生怀疑。这不仅不会达到损害对手形象的目的，反而会让客户觉得我们不可信、不可靠。

既然说对手坏话会产生这么多弊端，那我们是否就一定不能向客户说竞争对手的“坏话”呢？其实不然，造成这种情况往往只是因为我们没有使用正确的表达方式去说对手的“坏话”。

张成是一家电脑店的店主。

有一次，一位来店里看电脑的顾客在向他咨询了电脑的配置和价格后问道：“你们这款电脑和对面的A公司的最新款价钱配置都差不多，你觉得它俩相比的话哪个更好一点？”

张成说：“我知道那款电脑，那确实是A公司最新出的电脑，配置也挺不错，而且价钱也挺实惠。”客人赞同地点了点头，这时张成接着说：“但是，就稳定性来说，我们这款还是比较好的，毕竟已经卖了一年多，极少出现问题，而且新机型刚出来的时候一般会出现各种问题，往往需要消费者不断地跑售后。当然，A公司的售后服务也是很好的。”

客人想了想说：“那倒也是，那我就拿一台这款电脑。”

我们在说对手“坏话”时，应该实现的效果是只有我们自己知道我们在说对手“坏话”，而客户或者竞争对手都觉得我们只是陈述事实。只有这样，才能让客户觉得我们真诚，才不会让对手觉得我们是故意抢他生意。

我们一旦说出这种“坏话”，会无形中给客户提供一种对比，这种对比的结果一定要突显我们的优势，从而引导客户最终做选择时更倾向于我们。即使客户最后没有选择我们，我们也能赢得客户的赞赏和对手的尊重。

那么我们在工作中，要怎样做才能够正确地向客户说对手的“坏话”呢？

首先，肯定竞争对手的长处。当我们做比较时，先把对手的长处说出来会让客户觉得我们为人心胸宽广，更加地信任我们，能够促使我们的交易成功。比如，我们在卖房子的时候，如果竞争对手的装修确实美观，我们就可以说："他们家的房子装修的确非常漂亮，业内业外都这么说。"而且，竞争对手如果了解到我们的谈话，还会对我们心怀好感。

其次，说出我们的优势。在说完对方的长处后，我们就应该拿出自己的长处，去显示对方的不足。比如，在说了对方装修美观之后，我们接着说："但是，买房子咱们其实应该更看重房子的位置嘛，我们房子的位置交通便利，离学校又近，能给客户提供很多方便。"不仅没有直接说对手的不足，还自然而然地就让客户发现了我们的优势。

最后，弥补我们的不足。我们应该让客户知道，对手的长处我们虽然不及，但也是可以进行弥补的。比如，我们可以这么说："虽然，我们的装修确实不及对方，但是我们会给您提供周到的物业服务。如果您需要重新装修，我们也能帮您联系装修公司。"这可以让客户知道，对手的长处我们也是可以用其他办法实现的。

这样下来，我们既说了对手的"坏话"，拉近了我们与客户的关系，也不会留下把柄。如果客户确实十分看重对手的长处，我们还为对方"介绍"了一个客户，这也有利于我们与对手形成良性的竞争关系。

面对竞争对手的恶意诋毁，怎么应对

不管我们从事什么行业，都无法避免同行竞争这个问题。良性的竞争我们通常都能合理地应对和处理。可是有些竞争对手却会为了自己的利益，去恶意诋毁同行。当我们遇到这种情况时，该如何应对？

前不久，一直在忙着驾校招生事宜的王明发现有人在他的驾校官网上恶意诋毁他驾校的名声，他特意找了一些朋友，帮他调查了一番。

原来，诋毁他的正是本地和他家势均力敌的另一家驾校。因为他们是本地最大的两家驾校，所以竞争一直十分激烈。

王明得知后怒不可遏，也开始找人去对方的驾校官网刷差评，称对方驾校“乱收费”“教练凶”“车子少，报了名也不一定有的练”……

双方一下子就陷入了争斗之中，去他们两家报名的人越来越少，有几家小的驾校则趁着这次机会一下做大了，他们两家的生意都一落千丈。

俗话说：“同行是冤家。”同行在一起常常就会明争暗斗，只有互相追赶才会有进步的动力。可是有些人却并没有想到大家一起进步这一点，他们只是一心想排挤对方，非要争个你死我活才肯罢休。为了达到目的，他们往往就会选择恶意诋毁对手，想毁坏对方声誉，让对方无法继续生存。

面对这样的诋毁，我们在第一时间都会想到以牙还牙，让对方也不好受。可是我们没有想到的是，如果我们这样做了，不仅会让对方变本加厉地报复我们，让我们更加难以应付，而且还会严重损害我们在客户和其他人心中的形象。

那么，我们应该如何正确应对来自对手的恶意诋毁呢？

麦当劳曾经推出了这么一个广告片：在法国的一条公路旁，竖着一块路牌，上面写着一段话，大致意思是告诉司机再走5公里就能吃到麦当劳，但如果想吃汉堡王，就还得再走258公里，估计会走到车子没油。

麦当劳广告片推出后，汉堡王也马上推出广告片作为反击。

汉堡王的广告片和麦当劳的前31秒一模一样，不过后面的剧情做了改动：乘客在麦当劳买了杯可乐，然后开了258公里的车到了汉堡王，一边吃饭一边说：“感谢到处都有麦当劳，也没想象的那么远嘛”。

对于别人的恶意诋毁，我们要明白还击的目的不是要去伤害对方，也不是为了把我们的情绪发泄到对方那里。我们更多只是为了向别人说明情况，为自己澄清误会，不再让对手肆意妄为地对我们进行抹黑。

因此，如果发生了别人恶意诋毁我们的情况，要想从根源上解决问题，我们就得从诋毁我们的人入手。只有让诋毁我们的人来向大家澄清这件事情，才能有更多的人愿意接受。而且，能最快地终止这场“战争”的也只有我们的对手。

那我们要怎么跟诋毁我们的对手沟通才能更好地达到这样的目的呢？

第一，说话要客气。因为对方和我们是竞争对手，我们的身份是平等的，不能因为自己占理就用带有教训、轻蔑的口气说话。我们还是要表现出我们的风度，让对方看到我们不把他们当作敌人的态度。比如，多用一些敬词，像“贵公司”“您”等。

第二，在向对手解释时要语气坚定。虽然知道是诋毁，但我们依然要向对手证明那些话是没有根据的。在解释时，我们必须坚定自己的立场。比如，对方说我们产品质量有问题，我们说“我们产品质量都是有产品质量合格证书作为保证的”，对方若再质疑，我们可以说“如果您还是不相信的话，我可以陪您去相关部门再次验证，等验证完了，有问题，您可以随便说”。

第三，做出和解示好的姿态。当我们制止了对手的抵毁行为后，在对方的行为没有造成严重后果的前提下，我们不妨做出和解的姿态，表达不记仇，不结怨的友好态度。比如，可以告诉对手“我知道您肯定不是有意这么做的，这中间可能有些误会”之类的话，让对手能够有个台阶下。

当然，如果那些诋毁影响了我们的声誉，对我们造成了不好的影响，而且对方拒绝沟通的话，我们也可以诉诸法律，让其受到法律的制裁。

和对手谈判，最核心的是双赢

工作中，我们时常会遇到需要谈判的事情。在和对手谈判时，为了获得更大的利益，双方也总是习惯性地想分个输赢，有时就会弄得两败俱伤。

马文公司最近想收购一些大豆，就找了一家卖大豆的厂家商量收购的事情。

因双方的需求刚好吻合，谈判刚开始进行得很顺利，但是在谈到价钱的时候，出现了分歧。

马文说："我们这边觉得最高可以出价到3800元一吨。"

"3800元太低了吧，现在大豆的市场价也不低，您给这个价有些说不过去吧。"厂家代表说道。

"现在大豆行情是不错，可是我们也需要加工和包装，这个费用也挺高，我们只能给3800元。"马文说。

"能不能加到4000元？3800元太没有诚意了。"厂家继续讨价还价道。

"对不起，我们只能给3800元，这是我们能出的最高价。"马文说。

最后，双方都无法接受对方开出的条件，于是谈判破裂了。而厂家和另一家大豆销售公司以4100元每吨的价格做了笔大交易，那家销售公司也因为这批大豆获得了很好的收益，马文所在的公司则错过了这个机会。

在谈判中，有些谈判者比较爱面子，会特别坚持自己提出的条件，觉得如果退步了就会让自己丢脸；还有些谈判者，不考虑实际情况就盲目地坚持自己的立场，觉得保持强势就会迫使对方答应。这样做的结果往往会使谈判陷入僵局。只关注己方的利益，不考虑对方处境的谈判者，很容易就会让对方怀疑己方的诚意，造成谈判破裂。

很显然，这些都是不理智的谈判行为。美国谈判专家劳伦斯·萨斯坎德说："人们对谈判的理解从原来的'输赢'关系逐渐转变成现在的'双赢'关系。"即"双赢"已经成为谈判的核心。

有一天，张俊接待了一个前来买车的客户，对方看上了店里的一辆车，但觉得价格有点贵，就跟张俊商量了起来。

“价钱还是有点高呀，28 万元行吗？”客户说。

“这个价位我实在是没法给您保证，您知道，我们都是靠提成生活的，这样我就基本拿不到提成了。”张俊说。

“那 29 万元，你这个价位给我，我过几天来付款提车时给你带两个买车的过来，这样你就能多赚，怎么样？”客户说。

“那好吧，看在您这么照顾我生意的分儿上，我也得给您便宜点儿，给您算 28.5 万元，您看怎么样？”张俊说。

“小伙子，很会做生意嘛，以后身边有人买车我都给你介绍过来！”客户满意地拍了拍张俊的肩膀。

后来，张俊因为这个客户介绍来的客户资源，很快升到了经理的位置。

“双赢谈判”指的是：通过谈判，找到最好的方法去满足双方的需要。即使最终有一方胜出，另一方也会觉得“我也没有输”。

以双赢为谈判核心的人，除了关注眼前的谈判，积极和对方沟通，寻找相容利益，尽一切可能将不相容利益转化为相容利益，以求双方的利益最大化，还会更多地注重长期利益，积极制造长期合作的契机。

那么，我们在谈判中具体又该怎么做才能达到“双赢”的效果呢？

首先，谈判开始时给对手开出的条件一定要高。只有我们提出的条件足够高才能有回旋的余地，才能在与对手不断地“讨价还价”中让其觉得已经达到了自己的预期目标，我们也才能在满足对手的同时还不至于让自己吃亏。比如，我们在和客户谈一批我们希望以 10 万元价格成交的商品，我们可以跟他说：“在了解您订货的数量、运输要求、时间的限定后，我们能给出的成交价格是 11 万元。”这时，对方一般都会跟我们压价，我们再以 10 万元的价格答应他们的时候，双方都会比较满意。

其次，永远不要立即答应对手的第一次报价。对手谈判时的第一次报价通常都是试探价，如果我们一口答应下来，可能非但不会让对手觉得轻松地取得了成功，反而会让他觉得自己的报价低了。

再次，诱使对手先开出条件。对手先开条件可以帮我们确定我们的谈判目标范围，就能很清楚地知道自己在谈判中的让步空间可以有多大，在谈判中就能很好地把控谈判的节奏，以免陷入僵局。比如，我们可以对对手说："我们对这次谈判还是很有诚意的，您先说说您的条件吧，我们能满足的都尽量满足。"

最后，适当让步。这也是实现双赢最重要的一步，尤其在双方僵持不下的时候，我们选择让步会让对手知道我们的诚意，从而很可能会有下次合作，对我们来说也是一种胜利。比如，在双方都不愿再退步的时候，我们可以说："既然这样的话，为了表明我们的诚意，我们再退一步，也为了今后的合作，咱们首先把这次的合作圆满完成。"

在谈判结束之后，我们还可以适当地说几句祝贺对手的话，让对手在心理上感觉自己赢得了胜利！

尽量避免与竞争对手发生正面冲突

在职场上，每个人或多或少都会遇到一些竞争对手。既然是竞争对手，双方之间难免有一些火药味，有时即使我们想"和平共处"，对方要是存心挑衅，我们还是很容易和对方发生正面冲突。

何心所在部门的经理离职了，作为部门主管的何心和副经理张香都是接替这一职位的重要人选。

老板最近很看好何心，这让张香感觉自己受到了威胁，就经常找何心的麻烦。

有一次，因为一点小事，张香当着全体员工的面对何心劈头盖脸地教训了一通。何心心中十分生气，就跟张香吵了起来。

“你还有完没完？一而再再而三地欺负人，我知道你想当经理，但我说要跟你争了吗？”

“怎么着，自己做错事还不让别人说了？还没当上经理就开始有经理的脾气了？”张香说道。

……

一直到老板过来调解，两个人才停止了争吵。最后，两人都没能升职，老板特意从其他分公司调来了人顶这个缺口。

当遭遇对手挑衅时，我们如果选择和对方针锋相对，也许可以发泄一时的不满，但双方的冲突在同事眼里很可能会变成一场闹剧，致使我们和对手的形象大幅下降。与竞争对手的正面冲突非但不能证明我们比对手强，反而会在别人眼里形成我们不会控制自己的情绪、不注意场合就乱发脾气的糟糕印象。

而且，发生正面冲突往往会让我们双方都失去冷静和理智，很容易把职场竞争转化为私人恩怨，让事态的结果变得难以控制，这无论对竞争对手还是我们自己来说，都会造成很大的损失。

所以，我们应当注意，除非万不得已，我们都应尽量不与竞争对手发生正面冲突。

人事部经理离职后，孙梦成了担当此职位的首选人，但最终坐上这个位子的人却是周深。

不久后，部门里就有人私下议论周深当初是用一些“计谋”才当上了经理，但孙梦并没有去找周深的麻烦，一直对他礼让有加。

有一次，周深以为孙梦的工作出现了错误，便十分不客气地对他说：“怎么会犯这么明显的错误，是不是觉得自己竞选过经理就翅膀硬了？”

“经理，确实是我的不对，我的工作报告可能没有写清楚，让您误会这是我的工作了，下次我一定好好改进。”孙梦说。

看到孙梦被他误会了还能这么大度，周深心里也开始觉得愧对孙梦。

不久后，周深就向上司推荐孙梦去做公关部的经理。

“成王败寇”的观念其实并不适用于同事之间的竞争，因为不论谁胜谁败，大家今后还是要在一起工作。只有让自己拥有一颗宽容的心，时刻保持谦和的态度，对对手的挑衅泰然处之，这样才能缓和我们和对手之间的矛盾，进而形成良性的竞争关系。

当然，我们在面对对手的挑衅时，虽然要避免和对方发生正面冲突，但是也不能因此就给对手留下软弱可欺的印象。如果让他们认为我们软弱可欺的话，那他们可能就会不停地欺负我们，迟早有一天我们会忍无可忍地跟他们发生正面冲突。

因此，在面对对手挑衅时，我们不仅要做到不发生正面冲突，还应该让对方意识到他不能再这么做了，大致做法我们可以参照以下几点原则进行：

第一，接受对手的批评并表示感谢。对于对手的批评，我们可能内心难以接受。但是，如果他找出了我们的错误，我们就接受他的批评。这不仅能让别人觉得我们是勇于承认错误之人，也能让他觉得达到了目的就不会再喋喋不休了。比如，对方说“你怎么能这么写方案，你知道那会给我们团队造成多大障碍吗？”，这时，我们可以说“这确实是我的不好，我正在对它进行修改。不过，还是谢谢你的提醒”。

第二，对于对手的言语羞辱不动怒。可能有些对手的素质并不是很好，他会用言语来羞辱我们。比如：“你怎么整天跟在老板屁股后面，是不是想攀关系？”我们不要一听到羞辱我们的话就控制不住自己的情绪，跟对方争吵。这样的争吵，吃亏的只能是我们自己。

第三，心平气和提出警告。这也是很重要的一步，让对手知道他如果再这么做，我们就不会采取这么温和的方法解决了。提前给他敲警钟，这样以后他再想这样做就得掂量掂量了。比如，对方用语言或行为挑衅我们后，我们可以说“虽然我知道你这样做可能是无意的，但是我个人真的很不喜欢用这样的方式来谈论问题，我希望下次你不要再这样做了”。

另外，面对对手的挑衅，我们在保持冷静的同时，也需要检讨自己的所作所为是否给对手制造了挑起争端的机会，否则当面冲突起来，反而会使我们陷入被动。

第六章

面对不友好的问候，如何高情商反击

回家过年，灵活应对亲戚的询问

回家过年本来是件让人身心愉悦的事，大家都想在忙忙碌碌的一年后好好休息一下。可是，总会有一些“热心”的七大姑八大姨对我们“关怀备至”，对方是好意还好，如果是存心想看我们出糗，那就会让我们十分头疼。

刘婷今年26岁，毕业两年了，在一线城市有份体面的工作，由于离家乡比较远，每年能回家陪伴父母的时间只有过年那几天。

可是，今年又快到年底放假了，刘婷却十分纠结。在刘婷的印象里，回家过年的自己总要像个“犯人”一样接受亲戚们的盘问。

“你有对象了吗？”

“打算什么时候找对象呀？”

“这个年龄再不找对象可就难找了。”

“你看看跟你一样大的女孩儿，人家孩子都能跑了。”

当自己如实回答，亲戚们却又用嘲讽的眼神看自己时，刘婷每次都觉得十分羞愧。所以，去年过年她干脆就没回家。虽然她躲过了亲戚们的盘问，可是却因为没能和家人团聚，年过得十分不开心……

可能成人之后，我们大部分人都只有在过年的时候才会和自己的“七大姑八大姨”坐下来聊天。因为长时间不联系，往往也没什么可聊的话题，亲戚们就会询问我们的情况：“挣多少钱啊？”“有对象了没啊？”“啥时候结婚啊？”“啥时候买房买车啊？”“啥时候生二胎啊？”等。

面对这样以寒暄、找话题为目的的问题，我们可能还能微笑回应，用一些简单的方法应对。比如，当听到对方的问题后，我们回应一句“阿姨吃菜，这个菜可是我妈的拿手菜”或者“阿姨，我去接个电话”之类的话，对方就会知趣地停止询问。可是，有些亲戚的“关心”却并没有这么善意，他们的询问往往只是想看我们出糗或者拿我们和别人比较来取得优越感。对于这样的人，如果我们意图逃避或者强行转移话题，只会让他们穷追猛打，让我们颜面尽失。

那么，面对这些来者不善的询问，我们到底该如何应对呢？

马东今年在家过年，他在外工作三年了，没取得什么成就，工资不是很高，一直也没好意思回来。

大年初二，几个姑姑都到他家拜年来了。吃饭的时候，一个姑姑问道：“东东呀，现在一个月工资多少呀？你是大学毕业，工资应该很高吧？不像我家小航书读得少，现在一个月才挣七八千元。”

马东说：“我这个工资其实很难说，我们这个行业收入比较有弹性，每个月都不太一样，得视具体情况而定。我倒也是没太注意我的工资情况，发了工资就总是买这买那，不过就我们行业的平均水平来说就在一万多元吧！”

阿姨听了悻悻地说道：“果然多读点书就是好，不用出力就挣那么多钱。”

“其实也不是啦，我们这个工作毕竟离家还是太远了，回来一趟也不容易，不像小航说回家陪您就能回来。”马东说道。

“上过学就是会说话！”姑姑开心地说道。

无论亲戚们的询问是出于何种目的，我们首先应该保证的就是在回应中不要让对方感受到我们的不满。就算是对方不怀好意，我们如果回应方式偏激，也会让他人觉得我们没有礼貌，毕竟很多时候对方都是我们的长辈。

过年的时候，最重要的是开心。如果我们能灵活应对长辈们的“盘问”，不仅能让我们减少很多难堪，而且能使长辈们得到充分的尊重，从而维持过年时亲人团聚的欢快气氛。

要做到这点，我们可以利用以下几个方法：

第一，转换问题角度。在亲戚问我们情况时，我们直接说出真实情况可能会感到尴尬，这时我们如果能自然地转换问题角度，不正面回答他的问题，那我们就能避免尴尬，也不会让对方下不来台。比如，对方问我们："有对象没？"我们可以说："我也正想请教您呢，我感觉现在谈恋爱都稀里糊涂的，啥都搞不明白，太羡慕你们那时的婚姻了，不知道你们是怎么谈的？"这时，对方要么会分享他们爱情的成功经验，要么会倾诉他们的不容易，我们就能从之前的话题中脱身了。

第二，反问对方。当对方问我们一些问题时，我们不确定自己该怎么回答。比如，对方问："你准备啥时候买车买房？"我们本来就没确定时间，我们可以先这么问："您儿子呢？他准备啥时候买呢？"对方多半也会转到谈他儿子的事情上，从而忽略了问我们的问题。

第三，有样学样。我们如果提前知道对方喜欢"盘问"别人，我们就可以在对方还没开口的时候先来"盘问"。比如，刚坐下开始聊天，我们就可以问"您现在工作怎么样？""您女儿啥时候嫁人？"之类的话，让对方来应对我们的询问，也就让我们少了很多回应的麻烦。

最后，传统的中国年讲究大家庭团聚在一起庆祝时热闹喜庆的气氛，无论我们对于亲戚们的"关心"是否能够巧妙应对，都应尽量抱着真诚、亲切的态度。

如何优雅地应对他人的调侃

在现实生活中，调侃无处不在，很多时候人们都会用调侃来调节聊天气氛，让双方之间的互动更加有趣。但是，有时一些心存恶意的人，也会拿调侃来让人难堪。当我们遇到这种情况时，该如何应对呢？

快下班了，郝静和同事们一起商量晚饭去哪儿吃。

“我们去楼下的火锅店吃吧，他家的牛肉卷很好吃！”郝静说道。

这时一个平常和郝静关系不太好的同事说道：“那么胖了还想吃肉，你就不怕以后没人要呀？”说完就哈哈大笑了起来。

郝静没有理她，继续给建议去哪儿吃饭。

“难怪你那么胖，整天净想吃的，周边的店都被你吃了个遍吧？”那个女同事又说道。

郝静忍无可忍地说道：“我吃你家的了？要你管？讨不讨厌？”

那个女同事也不甘示弱，就跟郝静吵了起来。从那以后，两人见面就和仇人一样，使得办公室的气氛也很紧张。

调侃无论是善意的还是恶意的，往往都会让人感到有一点难堪，不知如何应对。这时如果我们觉得尴尬选择不回应，很可能会助长对方的气焰，让对方觉得我们是被他说到了痛处，不知道如何应对，他就会继续对我们进行恶意调侃，一心想看我们的笑话。如果是在重要的场合，我们这样做还会导致冷场，让别人觉得我们小气、情商低。

所以，对于别人的调侃，我们需要做出一定的回应，这样才能让我们不至于陷入难堪的境地，也让对方不会得寸进尺。

但是，我们在回应时也得注意方法。如果我们带着心中的不满去和对方争执或者理论，往往会让事情变得更糟。因为对方本来就来者不善，我们如果气势汹汹地回应，难免会唇枪舌剑，这不仅不利于为自己解围，反而会让别人觉得我们做事不懂分寸，不尊重调侃我们的人。

关于如何正确应对别人的调侃，我们可以参考以下几种方法：

第一种，转换调侃对象。对于别人调侃我们的话，我们先不要想着去反驳，先承认对方说的话，然后在对方调侃话题的基础上，把本来调侃的对象由我们转换成对方。最后试着用夸张、延伸、曲解的方法去调侃他，这样的调侃往往让对方毫无招架之力。

比如，在一次晚会上，有一个人想让身为犹太人的德国诗人海涅出丑，便调侃海涅说："我发现了一个小岛，这个岛上竟然没有犹太人和驴子！"海涅平静地说："看来，只有你和我一起去那个岛上，才会弥补这个缺陷！"

第二种，转移话题。有些人的调侃比较低级，甚至是以人身攻击的方式进行的。对于这种调侃，如果我们回应的话，反而会拉低我们的趣味，影响我们在别人心目中的形象。我们对于这样的调侃大可不必理睬，直接转移到别的话题上就好，还能让别人感受到我们的大度。

比如，有一次孟非在主持《非诚勿扰》时，一位女嘉宾拿男嘉宾的头和孟非的头做比较，说男嘉宾像大头儿子一样，孟非的头在灯光下锃亮锃亮的，问孟非是不是以为自己是"一闪一闪亮晶晶"的星星。这时孟非并没有搭话，而是转移到相亲的话题上来。事后，大家都夸赞孟非的表现很大度。

不过，也不是任何调侃我们都要优雅地回应的。对于一些触碰原则的调侃，我们大可以直接说一句："你不要再这样闹了哦，不然我真的就生气了！"这样既能及时停止玩笑，也能让对方知道我们的忌讳，下次也就不会再这么做了。

如何对付说话尖酸刻薄的人

在生活中，我们有时会发现这么一类人，他们与人打交道时虽然脾气不大，但说出的话却有些阴阳怪气、尖酸刻薄，让人听着十分不舒服。

杨成大学毕业后就回到了家里，打算自己搞养殖，可是住在不远处的叔叔知道后，时不时地就会过来"慰问"一下杨成。

"大学生回来养猪，你这大学上得真是白浪费你爸妈的钱呢！"

"你可真有出息，养起猪来还真像个喂猪的！"

“这么喂猪的话，再有20年你就能买房了吧？”

……

杨成虽然很不喜欢听叔叔这么挖苦自己，可是感觉跟叔叔为这点儿事翻脸也不好，这事儿就一直困扰着他。

不久之后，杨成发现自己跟别人说话也开始变得尖酸刻薄了。

通常情况下说话尖酸刻薄的人总喜欢拿我们所谓的“短处”来进行挖苦，甚至故意挑起矛盾，完全不顾我们的尊严。刻薄的人与别人交流时总会在言语中透露着贬低对方、诋毁对方，显示自己优越感的意思。

对于这类人，如果我们对他们的话不能正确地处理，只是选择忍受，日复一日地被他们的话所包围，我们的心态就可能被他们带偏，变得和他们一样挑剔、刻薄。

所以，遇到说话尖酸刻薄的人，我们一定要积极应对。

李川的姑姑是出了名的“毒舌”，李川过年时刚见到姑姑，她就开始挖苦李川了。

“川呀，啥时候买房呀？你看看你弟弟愣是要买房，我拦都拦不住！”

李川说：“我没打算在咱们这儿买，我准备在市里买一套，真不知道现在买在这边还有什么用！”

姑姑不甘示弱地继续说道：“什么时候结婚呀？你看看你这年纪不小了呀，你弟弟的孩子都快能跑了！你不会还没对象吧？”

“姑姑，我也不能跟别人一样随便找个人就过日子呀，我是真没遇上好的，要是你遇到了，一定得帮我留意一下啊！”李川说。

姑姑一脸不满却又没处发泄，只好悻悻地走了。

对于说话尖酸刻薄的人，我们虽然不喜欢，但也没必要太过于计较。我们要同情他的不足，因为这类人的心理承受能力一般都比较弱，我们就要尽量用温和的语言与这种人打交道。比较积极的方式是静静聆听他的指责、抱怨、挖苦，不去反驳他，再慢慢引导他，让他发现自己言语的不合理之处。

拿杨成的案例来说，我们听到对方说“大学生回来养猪，你这大学上得真是白浪费你爸妈的钱呢！”时，可以这样反击：“确实是这样，念了四年又回来了。但是，您说我是不是念了这四年才决定要回来养猪的呢？这样来说，上大学还是有一些作用的，是吧？”

当然，本来被挖苦就是很不愉快的事情，我们也许不能总是有这么好的心态去应对。除了这个办法，我们还有其他什么办法呢？

第一种，以牙还牙。就是和案例中的李川一样，对方在挖苦我们时，我们也想办法挖苦他，最好是找一些能与他挖苦我们的事情相关的事情，这样让他连反驳的余地都没有。

第二种，直接跟对方讲明。有时，直接讲明也不失为一个好方法，能让对方看到你的底线和原则，以后就不会再犯了。比如，我们可以和对方说“我很讨厌你这样说话，我希望你以后不要再这样了”“下次你再这么说话，我就跟你生气了，我真的很反感这样说话”等这样直接表明意思的话。

喜欢挖苦别人的人喜怒大都呈现在脸上，我们与这种人打交道时，还可以在对方想要挖苦的时候，适时送上几句关心的话，比如“您看起来面色红润，遇到啥好事了吗？”这样的话，有时还可以起到安抚对方的作用，也能防止对方想要挖苦我们。

机智应对那些朝你泼冷水的人

在日常生活中，往往有那么一群人，当我们就自己的某事询问其意见时或是我们开始一个新的计划，寻求改变时，他们的回应总是习惯性地泼冷水而非我们期待的支持、鼓励。

李红这两天心情不太好，便想着出去逛逛街散散心，她就叫上了自己的一个朋友一起去。

在逛一个商场时，李红看上了一件大红色连衣裙，试穿以后也十分喜欢，正准备问价格时，朋友却说："穿红色太俗气了！而且你又不白，这颜色和你的皮肤一点也不搭，还是换一家吧。"

李红就和朋友去了另外一家，又试了一条牛仔裤，这次朋友又说："我穿还可以，你腿又不细，这裤子太紧身了，不勒得慌呀？"于是，他们又换了一家。

结果一天下来，李红的心情不仅没有变好，回到家还放声大哭了起来。

生活中这样的例子比比皆是。总有那么一些人，常声称是站在我们的角度考虑，为我们着想，于是就开始"提醒"我们不要自以为是、不要太高调、不要做梦，等等。但是再仔细想想，他们这样做好像除了将我们的热情浇灭，将我们的自信打垮，实在是没有其他的"帮助"了。

喜欢泼人冷水的人，一般情况下可分为两类：一类是自以为是的人，他们总觉得按自己的想法做就是对的，别人的想法都是不切实际的，也就想让别人也按他们的想法去做。另一类是消极悲观的人，这种人占爱泼冷水的人数比重最大。这类人自己的生活或者事业可能总是不太顺利，心里充满负能量，畏惧改变，习惯夸大困难。因此当别人做出改变时，他们的意见就往往是否定的、消极的。

但无论是哪种人，"冷水"泼一两次，我们还可能不太当回事。可"冷水"一旦被泼得多了的话，我们往往就容易陷入十分消极、自卑的情绪里，让自己原有的斗志和自信都消磨殆尽。而我们所在的环境在很大程度上会影响我们的心情，所以这些"冷水"无疑会对我们的生活造成很大的负面影响。

因而，我们最应该做的其实就是远离这些泼我们冷水的人，以彻底解决问题。但是，这个办法并不现实。因为，往往会泼我们冷水的人都是对我们有所了解的朋友、同事甚至家人，我们要是这样做就会有些顾此失彼、得不偿失。

所以，在应对那些泼我们冷水的人时，我们最好的办法是向对方表达我们的友好态度，让对方觉得我们并不讨厌他们，只是彼此观点不同。这样的话，既能让对方停止泼我们冷水，还可以避免彼此之间的关系受到影响。而且在别人看来，这也是我们一种高情商的表现。

那么，对待泼我们冷水的人，实际沟通时我们又该如何做才能达到这样的效果呢？我们可以按照以下几个步骤来处理：

首先，感谢对方。就算对方是有意泼我们的冷水，我们也可以把他当成善意的提醒，对其表达谢意。比如，在对方泼完冷水后，我们说一些类似“我明白了，多谢你的提醒！”或“嗯，我知道了，谢谢！”的话，让对方知道我们的大度和善解人意，下次若再要泼我们冷水他也会犹豫一下。

其次，给对方一个自己这么做的理由。这是告诉对方，你可能有你的理由，但我也有我的理由，我尊重你的想法，但也请你尊重我的想法。比如，我们在练习吉他，对方跟我们说：“别练了，这个东西呀没啥用，而且学起来没个几年是不行的，浪费时间干吗呢？”我们就可以回答说：“你的意思我明白，不过，我学它主要是因为我比较闲，找个玩的东西，并没啥大的目标，希望你能理解！”

最后，告诉对方我们的决心。如果我们说了理由后，对方还喋喋不休，我们就可以跟他说：“我已经打算好这么做了，这不是你几句话就能改变的，我以后不想再听到这样的话。”让对方明白，我们很讨厌他们这样的劝告，也警告了他们以后不要再这样。

如果我们用了所有方法，对方还是我行我素，那我们大可以减少和他们的沟通，可以远离的就远离，实在没法远离的，也千万别让对方影响我们的思想和心情。

第七章

应酬时不招人待见？聊天气氛很重要

初次见面，让人一见如故的开场白

“你好。”

“在吗？”

“在忙吗？”

“在干什么？”

“我是 ×××，很高兴认识你……”

上面这些话，是生活中很多人常用的开场白。它们简单、直接，并没有什么错，只是作为初次见面的问候来说未免显得过于平淡，无法让人印象深刻。

或许有人不以为意，认为开场白只是与人交往的开始，可以依靠之后的努力改变他人对自己的看法。

那么真是这样吗？我们的开场白，究竟能在我们与人交往中提供怎样的帮助呢？

生性腼腆的小兰参加了一个论坛的聚会。因为是第一次参加这样的活动，小兰一直不敢主动和人打招呼，尤其在身边都是陌生人的情况下，她就更加紧张了。为了消除紧张，小兰决定去拿一杯饮料喝。

“那杯饮料是含酒精的，你不一定喝得了。”小兰刚拿起一杯饮料，就听到有人这么对她说，她回头就看到一个女孩端着一杯果汁对她微笑，“喝这个吧，女孩子多喝果汁对皮肤很有好处的。”

“谢……谢，你……很了解嘛。”

“还好，我经常参加这样的活动。”就这样，小兰和这个叫小葳的女孩开始聊了起来，并成了朋友。

由此可见，我们与陌生人初次见面时的开场白不仅能给人留下一个良好的印象，还会为我们的人际关系迅速打开局面，并且在我们日后的交往中起到重要的作用。

那么我们要如何做，才能在初次见面时给人留下一见如故般的开场白呢？

先声夺人，避免“尬聊”

开场白的第一句尽量风趣些，突出自己的特点。如果本身不够风趣或者想不到什么有新意的开场白也没关系，用一些“你好”“很高兴认识你”“吃了吗”“今天天气不错（或地铁真挤）”也是可以的。

切记一定要避免封闭式问题，将所有的封闭式问题都转换成开放式问题，比如“吃了吗”就换成“吃的什么”。

避免过于老套的开场白，过于老套会给人不够真诚、不走心的感觉。

下面推荐一些实用的开场白，可以作为参考：

“今天这儿人真多。”你们在一个地方相遇，那便是种缘分，可以以此为切入点。

“今天的你真漂亮。”没有人不喜欢别人称赞自己，只要你开口，对方一定不会拒绝，但切记一定要说对方身上有的亮点，不要信口开河。

“不好意思，我被你的魅力（或善良）所打动，便自作主张地过来了……”表达自己被对方所吸引，人们通常都是渴望能引起别人注意的。同样，一定要说对方身上有的优点。

“你真漂亮。”

“谢谢。”

“我说的是衣服。”

可以用玩笑的方式来打开局面，但切记不要太过，尽量不要找对方身上的缺点来调侃。

避免啰唆，直切重点

在网络小说界有一个“黄金三章定律”，意思是说，读者（或编辑）看到小说后，如果读完三章还不感兴趣，那么后面的内容便不会再去关注。

与人说话也是这样，如果对方被你开口的第一句话勾起兴趣，哪怕只是很轻微的程度，他都会给你三次提问的机会。

如果你将机会用在了诸如“你叫啥”“家住哪”“在哪上班”“做什么”之类的问题上，那么不好意思，恐怕对方接下来就要找机会与你说拜拜了。

对方给你的交流机会异常珍贵，一旦失去后对方很难会再给你机会，所以一定要在接下来的几句话中聊到对方感兴趣的话题。

这方面可以从对方的兴趣爱好着手。

喜欢美食的可以从各地小吃聊到风俗人情；喜欢旅行的可以从人文美景聊到历史渊源；喜欢文学的可以从诗词文章聊到才子佳人……

只要你想聊，总能找到话题，一般人对于自己的兴趣爱好，还是愿意与别人分享的。

切记不能只是自己侃侃而谈，一定要是双方的互动交流。如果在聊天的过程中，发现对方没什么兴趣，或者没有什么回应，那么便是到了该转移话题的时候了。

自信、真诚、尊重，才是你开场白的重要指标

白杰是一名大学毕业刚参加工作的白领，相貌平平，但他的女朋友苏晴却非常漂亮。朋友本以为他们的相遇一定是惊心动魄的，没想到真实的过程却大大出乎意料。

白杰第一次见到苏晴是在书店，看到苏晴的第一眼白杰便心动了，他想结识苏晴，却苦于无人介绍。眼看苏晴走远，以后可能再无机会相见，白杰下定决心追了上去。

“不好意思，我手机没电了，能用你手机打个电话吗？”这是白杰的第一句话，很老套。

“你这是想问我的电话吗？”

苏晴的回答出乎白杰的意料，但他很快稳定心态，真诚地说道：“是的，我刚才在那边看到你，想要认识你，又没什么好办法，只能过来搭讪了。”

之后两人便聊了起来，一来二去便发展成了情侣。

同样的话，同样的情境，不同的人说就会有不同的效果。

与人初次见面，一定要调整好自己的心态，让自己表现出自信、真诚和充分的尊重。或许你意识不到，但你的心态却在你的一举一动中反馈给对方，对方如果感受不到这些，那么可能只会拿出敷衍的态度来回应。

称呼错了，后面的话再精彩也说不出口

今年刚毕业的李秋最近遇到了难题：入职前，父母反复告诫她，刚进单位资历较浅，对同事要客气，不懂的就多问，称呼别人的时候要叫“老师”。

可是她到单位逢人就叫老师，却弄得同事都很尴尬，而喊人家哥哥姐姐，别人又会觉得她太爱套近乎，没大没小。

像李秋这样的情况还有很多，这的确是个问题，总是胡乱称呼他人，不单单影响自己的人际关系，甚至会影响自己的事业发展。

李修军与另外一个同事去杭州出差做一个项目。在企业做了一天的内部访谈后，第二天还需要到市场一线做一些实地调研，所到之处，由各地区域经理负责接洽。

在到嘉兴做市场调研的时候，当地的区域经理白天陪同他们一起走访

市场，晚上又很热情地请他们一行人吃饭。

本来李修军可以说是很满意地结束了当天的行程，然而，那个区域经理几杯啤酒下肚，就开始称兄道弟起来。区域经理得知李修军小他几岁，敬酒的时候先对李修军同事喊着 × 经理，然后又倒了一杯冲着李修军说："小李，来，咱们喝一个。"

李修军一听，感觉有点不是滋味，心想："一边喊着我同事经理，一边称呼我小李，这不明摆着跟我过不去吗？"而且他们两人可都是企业请过去的贵宾啊。

于是他便故意推辞："不好意思，这两天可能太辛苦，吃完饭回去还得整理一下调研材料，自己本身也不胜酒力，就免了吧。"

谁知那个区域经理却听不出弦外之音，又冲着李修军的同事说："× 经理，你看你同事小李真不够意思，咱们刚才干了两杯，小李却不喝。"本来一句玩笑话也无可厚非，可是称呼不对，加上当时还有两个业务员在场，场合也不太对，李修军觉得这是区域经理故意给他难堪，他越想越气，二话不说拂袖而去。

李修军的同事也倍感尴尬，随便找了个借口，追上李修军离开了。好好的宴席不欢而散，恐怕到最后区域经理都不知道这是怎么回事，自己怎么莫名其妙地得罪了人。

其实我们每个人都曾因为不懂或不注意导致弄错称呼，进而引发一些尴尬甚至得罪人的事情，但人际交往，称呼又必不可少。

人际交往中，对别人的称呼大体可以按照年纪、辈分、职务、社会地位、职业、性别分为六类。

开口之前需谨慎，根据自己所掌握的线索，以及与此人的关系，找到合适的称呼。

朋友会根据年龄来"称兄道弟"，亲戚也会按照辈分有不同的称呼。

而在职场中，人们常常以职务、职业称呼，如谢主任、谢经理、谢总、谢会计（记者、老师、律师、医生），关系较好也可以按照实际年龄的情况称呼谢哥，但是要注意哥哥姐姐、小谢之类不要用，这会给人一种套近乎和不尊重人的感觉。

对于客户或者合伙人，多以职业、职位、性别称呼，如谢经理、谢总、谢老师、谢先生等。除非很熟，否则不要随意称呼，尤其是在正式场合的称呼不能太过随意。

在人际关系中，称呼并不是一成不变的，也需要随着不同的场合，做出不同的改变。

在同学聚会、朋友聚餐等一些比较休闲的场合，直呼名字或者按照平时的习惯“称兄道弟”即可，切忌将工作场合的称呼带入生活之中。

在一些重视经验资历的单位里，最好以姓氏加职位来称呼同事及领导。如果正职不在场，既要明确表示职位，又要彰显尊敬，一定要省去“副”字；如果正职在场，则所有副职一定要注意加上“副”字，否则便可能自讨苦吃。

在欧美背景的外企，每个员工通常都会有自己的英文名，彼此一般直呼英文名字，即使是对上级、老板也是如此。

而在有些机关、事业单位以及一些文化类单位，称呼依旧沿用传统叫法。新人进入单位对同事以“老师”相称，也是一种尊敬、谦虚的表现。

每一个称呼，都不是放之四海而皆准的，除对人，对事，针对不同的场合做出适当的改变以外，还需要根据实际情况以及当地的风俗习惯做出调整。

下面介绍几种经常容易出错的称呼或者需要注意的忌讳。

错误的称呼。常见的错误称呼无非就是误读和误会。误读也就是念错姓名。为了避免这种情况的发生，对于不认识的字，事先要有所准备；如果是临时遇到，就要谦虚请教。误会，主要是对对方的年纪、辈分、婚否以及与其他人的关系做出了错误判断。比如，将未婚妇女称为“夫人”，就属于误会。如果无法确定对方是否婚配，对于年轻的女性，都可以称为“女士”，这样对方也乐意听。

不通行的称呼。有些称呼，具有一定的地域性，比如山东人喜欢称呼“伙计”，但在南方人听来“伙计”肯定是“打工仔”。中国人把配偶经常称为“爱人”，但在外国人的观念里“爱人”常常是“情人”的意思。

不当的称呼。工人可以称呼为“师傅”，道士、和尚、尼姑可以称为“出家人”。但如果用这些来称呼其他人，没准还会让对方产生自己被贬低的感觉。

随意的称呼。有些称呼在正式场合不太适合使用。例如，“兄弟”“哥们儿”之类的称呼，虽然听起来亲切，但明显不够庄重。

外号。对于关系一般的朋友，不要擅自做主为对方起外号，也不能用道听途说来的外号去称呼对方，更不能随便拿别人的姓名开玩笑。

在谈“正经事”之前，先寒暄一番

寒暄，在汉语词典中的描述是这样的：见面时谈天气冷暖之类的应酬话。

现代社会的生活节奏比较快，很多人都不喜欢寒暄，认为寒暄有些麻烦，浪费时间。

然而事实上寒暄不单单是一种自我推销，还是人际交往中常用的沟通方法，更是让交际变得顺畅的重要渠道。

小薇过年被家里逼着相亲，父母已经在她耳边唠叨了一年，被逼得没有办法，她便同意先见对方一面。

两人约在咖啡厅，心中有气的小薇决定一会儿到了地方，不管对方说什么，自己都要顶上两句。

“这家的咖啡还不错，我没事便会过来坐坐，你来点什么？”

对方上来表现得礼貌得体，小薇也不好直接顶撞，便随便点了一杯卡布奇诺。

“据说卡布奇诺源于圣芳济教会 Capuchin 和意大利文头巾 cappucio 这

两个词。”

“哦，是吗。”这句话引起了小薇的注意。

随后，对方便从卡布奇诺的历史，讲到了意大利文艺复兴，讲到了意大利的民族风情。

小薇属于爱好文学和旅行的文艺女青年，于是开心地与对方聊了起来，之前要顶撞两句的想法，完全被抛在脑后。

最后分离的时候，小薇都有点不舍。

“真是愉快的一天！”

小薇知道对方没指望自己回答，但忍不住开了个玩笑：“有多愉快？”

“就像亚当见到夏娃那样。”

小薇沉默片刻，笑道：“那我们可以谈谈关于那颗苹果的事情。”

随后的故事就显得有些老套，两人一来二去成为情侣，双双坠入爱河。

俗话说：“买卖不成仁义在。”毕竟身处人情社会，与人谈“正经事”之前，不妨放缓节奏，先寒暄一番。

寒暄一般分为三种类型：问候型、攀认型、关照型。

问候型，简单来说就是与人打招呼，也是我们日常生活中常用的方式，诸如“你好”“吃了吗”“幸会幸会”“久仰久仰”。优点自然是简单易行、实用性强，几乎可以用于任何场合、任何时间。缺点是缺乏新意，很难让人产生认同感。

攀认型，就是抓住双方之间的共同亲近点，并以此为契机进行发挥，以方便与对方顺利拉近关系。比较实用的，可以从天气、兴趣爱好着手，也可以借助周边的环境，如：“你也喜欢法国文学吗，我最喜欢的作家是小仲马，尤其喜爱他的《茶花女》，你呢？”“大家都是昆明人，我也算是半个昆明人。我在昆明上了四年大学，昆明可以说是我的第二故乡了。”这种方法的优点显而易见——能够迅速拉近彼此之间的距离，更容易让人产生认同感。缺点是需要自己有一定的知识储备与经历，否则容易答非所问。另外，如果进入自己不了解的领域要注意转移话题或者多问少答，以免给人留下无知的印象。

关照型，就是问候、关心他人，不露痕迹地解决他人的疑问。这种方法生活中用得比较少，效果却比较显著，如：“这天气可真冷！来，先坐下喝杯茶暖暖身子……”“我看你精神状态不太好啊，是不是这几天没休息好？要不先休息下？”“你手怎么受伤了，哎呀，路上可得小心点，现在怎么样了？”这种方法能使人感受到关怀，从而对你产生好感，迅速畅通人际关系。不过需要注意的是要真真切切地让人感受到关怀，而不是客套。另外，不要随意过问他人的家庭、隐私等，也不要提及他人身上的缺点。

寒暄的话题可以十分广泛，比如天气、文学艺术、历史文化、风土人情、新闻热点等，但是寒暄时具体话题的选择要讲究，话题切入时要显得自然。合适的话题，不仅能避免尴尬，还能更好地表现自己的才学、情商，进而做到对自己的再度宣传。

最后需要注意的是，在与对方寒暄时，一定要自信、真诚，面带微笑，选择的话题也不要带有消极的情绪，否则很容易让对方失去谈下去的兴趣。

喝了这么多年酒，你的敬酒词说到对方心坎上了吗

敬酒词在我们日常生活中时常都会用到，但喝了这么多年酒，你的敬酒词说到对方心坎上了吗？

王世忠的朋友李四海是一个喜欢享受生活的人，一般没事的情况下，总喜欢在家备好酒菜，邀上三五好友，把酒言欢。

但是李四海每次劝酒，都会让王世忠听着不太舒服。

每次吃饭大家一入座，李四海就爱说：“来的都是兄弟，大家一起干了。”而且，他也就会这一种劝法，一般要重复个五六次方肯罢休。

起初王世忠滴酒不沾，但架不住李四海盛情邀请，而且不止一次对自己说“要是不喝，这朋友不能交了”，便勉强自己喝上几杯。

后来李四海相邀，王世忠本不愿再参加，但想想几年之交也不容易，一般能参加还是参加。不过喝酒时王世忠开始坚持自己的原则，能喝多少喝多少，感觉差不多了，找点能说得过去的事情当理由，赶紧离桌。

酒桌上经常会使用到的一句敬酒词便是“是兄弟就干了”，然而往往说出这句话，虽然对方都会陪你喝上一杯，但对方都是心不甘情不愿的。

对方心里可能会想：喝了就是兄弟，那么不喝就不是兄弟吗？原来在他心里我们的交情也就值一杯酒。

渐渐地，对方会将你归类为“酒肉朋友”这个行列，难以做到真正的交心。

由此可见，敬酒词在某些情况下，可以改变一个人对你的看法，如果不能正确使用，不仅会伤害我们与他人的交情，还会影响自己的事业。

那么，我们如何才能将自己的敬酒词说到对方的心坎上呢？

首先，很多时候酒宴的宾客都会较多，所以在交谈的时候，尽量选择一些大部分人能够参与的话题，方便得到多数人的响应。而每个人的兴趣爱好、知识面都有所不同，所以话题尽量不要太偏，更不要一个人自说自话，离题万里，而忽略了众人。

在相谈甚欢的气氛中，可以根据你们所谈论的话题，设计一些适当的敬酒词，既能表示你在认真听，又可以做到投其所好。

“这是嫂子吧，嫂子这么贤惠可真是令人羡慕啊，啥也不说了，这杯酒你必须喝。”

“这是公子吧，哎呀，长得可真帅，简直和你年轻时一模一样，来，祝孩子学业有成，干一杯。”

“呦，您都八十了啊，那我可得敬您一杯，沾沾您的福气。”

还有一点要特别注意，尽量不要与人贴耳小声私语，这样往往会让人产生“就你俩好”的嫉妒心理，影响喝酒的气氛。

大多数酒宴都有一个主题，也就是喝酒的目的。赴宴时不要单纯地为了喝酒而喝酒，而失去与人交往的机会，更不要让某些哗众取宠的酒徒搅乱东道主的主题。

“今天是我们李总高升的大喜日子。来，让我们共同举杯，敬李总一杯，祝李总事业有成。”

“今天是王哥公司开业的大喜日子。来，大家共敬王哥一杯，祝王哥生意红红火火。”

同时，酒桌也是可以显示出一个人的见识、修养和交际风度的地方，有时一句诙谐幽默的话语，会给客人留下很深的印象，使人无形中对你产生好感。比如可以借助菜名，“巧立名目”：

“兄弟们,咱们酒轮一圈,又到小弟我了。我就用这条新上来的活鱼三吃，祝各位财富有余，能力有余，潜力有余。吃鱼头，出人头地；吃鱼眼，高看一眼；吃另一只鱼眼，就是暗送秋波了；吃鱼鳍，旗开得胜；吃鱼尾，委以重任；吃鱼鳞，好事临门；吃鱼子，早生贵子！请大家举起酒杯，为这条鱼给我们带来的激情，干杯！”

最后，切记劝酒一定要适度，有人总喜欢把酒场比作战场，想方设法劝别人多喝几杯，认为不喝够量就是不实在，喜欢以酒论英雄。这对于酒量大的人来说还可以，酒量小的人可就犯难了。有时候过分地劝酒，反而会将原有的朋友感情完全破坏。

要知道，不是所有人都喜欢喝酒或擅长喝酒。劝酒时一定要多观察、多思考，对方不情愿，就不必再劝。尤其是在对方明确表示有特殊情况（如开车）的时候，更是不能起哄，要尊重他人的意愿。

拒酒词说得好，不喝酒照样受欢迎

在参加酒宴时，若我们酒量不佳或者有一些特殊原因不能饮酒的话，就要准备一些实用又得体的拒酒词了——使我们在不喝酒的同时不至于破坏现场的气氛。

杜志成刚入职场的时候，人缘很好，同事常常会叫他一起出去聚会。

其间总有同事与他联络感情，拉着他劝酒，杜志成一是觉得不知道该怎么开口拒绝，二是也怕拒绝同事会得罪人，便硬着头皮接了下来。

之后又有几个人相继来劝，杜志成推托不掉，只能实话实说，说明自己不会喝酒。

这么一说，果然便没人再来劝酒，杜志成暗暗得意，觉得拒酒也没有多难。

却不想这一切已然为他带来麻烦，那几个人觉得杜志成能与别人喝酒，却对自己说不会喝，是看不起自己，便不再与他来往。随着杜志成拒绝的人越来越多，他得罪的人也越来越多，渐渐地身边的同事都开始与他疏远。

酒桌是个考验人的交际场所，你可以不喝酒，但不能不会拒酒。巧妙合理的拒酒词，既能帮助自己少喝酒或不喝酒，又能照顾到劝酒者的情绪，还能让大伙开心。

首先，拒酒时应变要快，可以借助对方的敬酒词回敬对方，从而拒酒。像有些劝酒者把喝酒的多少与感情的深浅联系到一块，如“感情深，一口闷；感情浅，舔一舔”。

我们可以驳倒它们的联系：“如果感情的深浅与喝酒的多少成正比，我们这么深的感情，一杯酒不足以体现。我们应该跳进酒缸里，我们多年交情，情深似海。其实，感情浅，哪怕喝大碗；感情深，哪怕舔一舔。”

如果对方硬逼着自己喝酒，说出一些像“感情铁，喝出血”“宁伤身体，不伤感情”“宁把肠胃喝个洞，也不让感情裂个缝”这类不理性的话，那么我们可以先顺着他的意思，然后再表示一些自己的难处：“瞧你说的，咱俩啥感情，但你也是知道我的，属于理性喝酒，‘留一半清醒留一半醉，至少梦里有你追随’。我是身体和感情都不愿伤害的人，为了不伤感情，我喝；为了不伤身体，我喝一点儿。”

或者借他人之口表达出自己不能喝酒，如“来时夫人有交代，少喝酒来多吃菜”“我要是在这喝了这杯，估计回家就要打地铺了”。

也可以如实表明自己的特殊原因，从而拒酒，比如开车：

“喝酒不开车，开车不喝酒！司机两滴酒，亲人两行泪！我以茶代酒，敬大家一杯！”

以这种幽默的方式拒酒，既能表达自己当前的特殊原因，又能顾及劝酒者的面子，双方其乐融融。

如果实在是不能喝酒，也可私下找个关系比较近的朋友，由他来说出你的借口，或者让他来帮你挡酒。

比如一些听上去像是借口的理由，由自己来说可能会引起别人的不满，由朋友说出，反而没有这种顾虑。

“他今天身体不好，别管他，来，咱们喝。”

“他可是滴酒不沾，您就不用管他了。”

或是让朋友故意呵斥自己，以达到拒酒的目的。

“医生不是不让你喝酒吗，你咋这么不听话。”

“你这是不是又打算回家跪搓衣板？”

另外，在拒酒的时候，有几点一定要注意：

1. 如果别人知道你喝过酒，千万别说“不会喝酒”。参加酒宴最忌讳自己有喝酒的先例而拒不喝酒，这样会让主人以为你是对他有意见，更甚者会认为驳了他的面子，进而对你心生不满。

2. 如果不喝酒，千万别松口。如果宴席开始便不打算喝酒，可以事先说明敬所有人一杯，或者以茶代酒，之后无论谁来劝酒，都一概拒绝。

3. 哪怕不喝酒，也不要把自己当局外人。要明白，喝酒只是你打开人际关系的一条社交渠道，既然不能喝酒就找点别的事干，比如张罗着给大家倒酒、催催菜、叫服务员、说点活跃气氛的话题，这样你在这个朋友圈中依然是活跃的一分子，下回有酒宴大家还是愿意叫上你，并主动为你挡酒。

看破不说破，不必当场拆穿别人的错误

在别人出现错误或是发生尴尬的时候，我们不要急着展示自己的“发现”，有时候看破不说破也是一种智慧。

沈凯丽叫自己的朋友小贝陪自己去买衣服。

沈凯丽试了好几件衣服，小贝都说不好看，最后两人空手而归。

在回去的路上，沈凯丽不经意间问小贝：“我试了那么多衣服，难道就没有一件是适合我的吗？”

小贝不假思索地说：“那根本不是衣服的问题，不好看是因为你皮肤黑，腿又粗。”

沈凯丽听了，脸一黑，扔下小贝扭头就走。之后还跟朋友说，她差点当场翻脸。

小贝也觉得自己很冤枉，认为自己说的都是实话，也是真心为沈凯丽着想，买下不合适的衣服，不仅花冤枉钱，穿出去也不好看。

这世上又有谁不希望听到别人对自己赞美的声音，就算明明知道不好，但还是想要听到别人的肯定。

实际上，虽然有时指出对方的错误，本意上可能是为他人着想，但在一些特殊的场合，不仅不能收获对方的感激，相反还会让对方更加难堪。

或许，对方身上有一些我们不得不指出来的毛病或者错误，但我们可以用更加风趣或者调侃的方式来指出。

《极限挑战》有一期节目，成员们需要运送冰块。黄渤用棉被把冰块包起来，罗志祥不解，觉得用棉被会加速冰块融化。

黄渤百般解释，罗志祥一直说："可它会闷的啊！闷热。"

黄渤却没有揭穿，只是幽默地说了一句："看来我们真是生长环境不同啊！"

如果黄渤喋喋不休地向罗志祥解释原理，就算最后罗志祥意识到自己的错误，恐怕也会有些难堪，而以一句"看来我们真是生长环境不同"明显带有调侃性质的话来回应，却能轻松地缓解尴尬。

有一年郑板桥到莱州观郑文公碑，遇一老翁，自号糊涂老人，两人相谈甚欢。离别时郑板桥发现老人是一位隐退的官员，也不点破，留下"难得糊涂"四字。

我们或许做不到多么风趣幽默，那么不妨学一学郑板桥"难得糊涂"的智慧。

美玲一次去相亲的时候，因为走得匆忙，不小心把裤子划了一个口子。她本想再回家去换一条，但又怕迟到了不好，便一咬牙直接去了。

虽然赶上了约好的时间，但自从坐下来开始，美玲脸上就带着一种难以掩饰的尴尬。面对男士的问话，美玲也显得有些心不在焉，双方一度冷场。

对面的男士显然也看出了美玲的尴尬，却只字不提裤子划破的事情，反而对美玲说："今天的天气有些阴冷，我看你穿得少，一定很冷吧。你要是不介意的话，就把我的外套盖在腿上吧。"

美玲刚想拒绝，对方已经礼貌地把外套递了过来。

事后，美玲对朋友说："那种感觉非常美好，当时就对他顿生好感。"

在对方出现错误的时候，不妨先给自己三秒的时间思考："这个错误是不是必须纠正？""指出这个错误会不会让对方感到尴尬？""怎么说才不会让对方觉得难堪？"

如果这个错误不是必须纠正，那我们不妨给对方留下面子，保持沉默，或者顺着对方的意思继续往下说就好。

上大学的时候，有一次假期调整，缩短了五天，辅导员在班级群里通知所有同学要按时返校。

有同学在群里发了一句"我都已经坐飞机到马尔代夫了，你现在和我说返校？"，并在下面配了一张马尔代夫的照片。

明眼人一看就知道他是还想在家多待几天，不愿返校，图片也是从网上下的。

辅导员自然也看出来了，却没点破，回道："行了，赶紧坐飞机飞回来吧，来回机票学校给你报销。"

如果我们必须指出对方的错误，并且不会让对方感到尴尬，那我们指出也无可厚非，如果会使对方难堪，不妨想想如何换一个方式说出口。

在人际交往中，说话之前不妨多一些思考，适时地看破不说破，不但能收获对方的好感，还能拓展自己的人脉。

寻找话题，炒热气氛

有一次，朋友讲了一个段子，当大家正嘻嘻哈哈讨论得热火朝天的时候，突然有人跳出来说，这个段子几年前就已经有了……

接着，全场鸦雀无声，没有人再接话。彼此对视着，感觉到气氛异常尴尬。

在日常生活中，我们总会遇到这样的情况，本来大家聊得很开心，某人一开口，瞬间所有人都不说话了；或者本来群里热热闹闹，某人发一条信息，一下午也没人回复。

这种人我们一般将其称为“话题终结者”。

而所谓的“话题终结者”，其实只是不会寻找话题而已。

如果不想成为“话题终结者”，想要在一群人的聊天中融入的话，有三个小方法值得尝试。

首先，要学会制造一点小冲突或矛盾。

这里的冲突、矛盾并不是真的要和谁过不去，故意地抬杠、对立，而是适度提出一些有挑战性的问题、否定的或相反的观点。

这个技巧会使聊天过程制造出“紧张而兴奋”的气氛。就像我们所看到的很多电影一样，其中人物的矛盾、冲突，推动着故事向前发展。

为了达到这个效果，我们不妨时不时穿插一些新奇有趣的说法、与众不同的意见，温柔地“挑衅”一下对方的观点和结论，就能让气氛变得活跃起来。

比如，我们可以高调地在句子里加入一些夸张的形容词让聊天效果显得更好。

“我都不敢照镜子，怕不小心被自己帅到。”

“嗨，兄弟，如果我一会儿出手不小心撬动了地球，那么维护世界和平的重任就交给你了。”

一味顺从点头称是虽然不会出现太大的过错，但也会很快让人失去继续谈下去的兴趣。适当的冲突与挑战会让人意识到自己的意见被重视、被探讨。试着与对方唱唱反调，提有挑战的问题。

“我可不看好法国队，上一届世界杯他们连四强都没进。”

“我在想，以我的才华，我若是放任自流，会不会给文学界带来损失。”

“嘿，你要是能射中靶心，我就敢单手劈西瓜！”

其次，可以尝试加入不同的兴趣点。

在聊天中，带有新鲜、大胆的观点的话题是引起听众兴趣的所在，常常抛出一些刁、怪、狠、细的问题，这种出其不意的话题会让对方好奇心大增。

“如果你的前男友和现男友同时掉入河里，你会拿椰子先砸谁？”

“如果取经途中唐僧被妖怪吃了，会发生什么情况？”

“如果你前女友结婚给你发请帖，你会不会去？”

最后，我们要在语言中加入一点儿幽默。

适度的幽默、搞笑和嗔骂都能发挥带动话题、增进情感的作用，也可以让聊天的气氛轻松不拘束。

悬疑故事、历史杂学、幽默笑话、风流逸事、八卦消息等，只要掌握适时、适度的原则，在聊天过程中随意插上两段，都能帮助我们炒热气氛。

善意的谎言具有神奇的力量

美国小说家欧·亨利的《最后一片叶子》讲述了这样一个故事：青年画家琼西由于贫困交加患上了肺病，她将自己的生命希望寄托于窗外的一片叶子之上，随着藤叶越来越少，琼西渐渐失去了活下去的勇气和信念。在一个风雨交加的夜晚，一位老画家，为了不使她失去信心，冒雨画上去一片叶子，琼西大受鼓舞，重新振作了起来，最终战胜了病魔。

“善意的谎言”其实是人们对事物寄托的一种美好愿望，是善良的心灵之间的对白，是彼此之间相互寻求安慰的一丝暖意，是心底不经意间流露出来的一丝柔情……没有人会去追究它的可信程度，即使明知道是谎话，也一样会去努力相信，并不会觉得这是一种虚伪，甚至有时还要从心里感激。

那么在什么情况下需要我们善意的谎言？面对不同的情况，我们又该如何说好善意的谎言呢？

面对不能说的秘密的时候

有的人好奇心比较强，喜欢到处打听，如果是牵涉机密或者私密的事情，你又必须守口如瓶，这时，不妨说个人们一听就能听出来的幽默谎言。一般人听后，也就一笑作罢，不再追问。

“他对我说他是火星人，这怎么可能，我在火星这么多年都没有见过他。”

“我的工作内容啊，按照规定是不能说的，但对你们说说也无妨，主业是保护地球，副业是阻止外星人入侵。”

当不能实言相告的时候

生活中有时会出现这样的场景：有人生病或者发生了意外，正躺在医院里，作为他的亲人朋友，谁又能忍心告知真相？

而这种善意的谎言，恰恰能给予安慰、鼓励和希望，增强患者求生的意志。

“哪有那么严重，只是想要再观察观察，医院都是这样，上次我一个感冒，他们还查了三天。”

“你忙你的就行，家里能有什么事。”

“一切安好，勿念。”

想要委婉拒绝的时候

生活中总会遇到一些需要委婉拒绝的情况，如有人向你推销一些衣物、化妆品、保险之类自己不需要的产品，或者一些与自己关系比较远的朋友、同学、亲戚向你借钱等。自己的确不需要或者不想做，直接拒绝又难免抹不开面子，甚至可能因此伤了和气，这时善意的谎言常常能帮你摆脱困境。

“我已经在 3 家不同的保险公司买了 8 份保险，恐怕短时间内不需要了。”

“哦，不好意思，这个我刚刚买过，下次你们再有新品的时候，我再了解下吧。”

“我刚刚买了房，现在手头也不是很宽裕……”

“兄弟，你是知道我的，家里的财政大权一直是掌握在夫人手里……”

“我刚想找你接济一下，没想到你就先找到我了。”

当对方需要鼓励、安慰的时候

有一次同学聚会，朋友感叹自己还没谈过恋爱就已经不再年轻了，恐怕以后也很难遇到合适的人。大家正想着怎么安慰她，突然有人接道：“没事，青春不再了还能赶上黄昏恋。”

朋友听完，心中有刺，也不搭话，独自坐在一边生闷气。

当别人需要鼓励和安慰的时候，我们要做的不是肯定对方的想法，而是要适当地说出一些善意的谎言，做出反驳。

“你这么聪明，将来一定能成为一个伟大的数学家。”

“喜欢就去追，你和她们比，只是美得含蓄而已。”

“不要担心，你现在只是缺少自己的伯乐而已。”

当恋爱或是面对至亲的时候

我们在恋爱或是在面对至亲的时候，常常会因为莫名其妙的原因产生矛盾，或是因为过度的关爱让对方产生不适，这时候需要做的不是明辨孰是孰非，而是快速地化解矛盾。

适当地说说善意的谎言，可以有效地避免尴尬。

“我想你了，你不在的这几天，我饭都吃不香。”

“全是大老爷们儿，这不是怕你尴尬才没带你去嘛。”

“你吃吧，我不喜欢吃苹果。”

“走走走，吃海鲜去，我就喜欢吃海鲜。”

正所谓“一句话能成事，一句话能败事”。有时不必太过“耿直”，留下一个善意的谎言，也留下自己的善意。

一个台阶，让人感激不尽

生活中总会遇到因为彼此的理念、价值追求或是生活环境的不同而产生分歧甚至矛盾，最终发生纷争不欢而散的事情。

如果我们能做到处理事情比较委婉，给对方一个台阶下，就能避免尴尬，也能使自己免得难堪。

意大利艺术家米开朗琪罗，作为与拉斐尔和达·芬奇齐名的文艺复兴后三杰之一，其最有代表性的作品当数大理石雕塑作品《大卫》。

当初，在米开朗琪罗刚刚雕好《大卫》的时候，主管官员跑去看后却并不满意，批评雕像的鼻子太大了。

米开朗琪罗听后也没有反驳，拿起工具爬上架子，叮叮当当地修改起来。随着米开朗琪罗凿刀的舞动，掉下好多大理石粉，官员不得不躲到一边。

米开朗琪罗“修改”好后，官员很是满意，心满意足地离开了。

然而他不知道的是，其实刚才米开朗琪罗只是偷偷抓了一块小大理石和一把石粉到上面做做样子，从头到尾，他根本没有改动原来的雕刻。

在众人面前，米开朗琪罗不方便直接告诉官员：“你对雕塑艺术一窍不通。”但他也不想放弃自己对艺术的追求，他用这种巧妙的方式维护了官员的面子，更维护了自己的作品。

在生活中，难免会有人遭遇尴尬或窘境，不通人情世故地对此发笑，或者只是安静地冷眼旁观，往往会将气氛推到一个更显尴尬的局面。

这时候需要有人站出来，巧妙地帮助对方把尴尬化解，用语言或者行动给对方一个台阶下，往往也会让人感激不尽。

善于给人留台阶的人，所展现出的良好修养，以及帮助身边人变得更好的态度，都会使得这个人的人缘越来越好。

我们在化解尴尬时，有几点是尤其需要注意的，以免让人丢了面子，使得场面更加尴尬。

注意不露声色。既要使当事者体面地下台阶，又要尽量避免在场的旁人察觉。比如，发现对方帽子歪了：“能让我看下你的帽子吗？”

注意用幽默语言作为台阶。一句幽默话能使双方在笑声中相互谅解。比如，被足球踢中的时候，可以说：“兄弟，你认错了，我真的不是球门。”

注意尽可能地为对方挽回面子。在为对方提供台阶的同时，还需要多一些体贴和理解。比如，在付账时发现对方忘记带钱，可以说：“不能老是让你埋单，这顿饭我请了。”

善用假设，巧避锋芒。当认定自己的观点绝对正确，可是出于礼貌或无奈不能坚持时，假设句可以很好地进行解围。比如，发现对方的错误但不好指出时，可以说：“或许有别的方法也说不定……”

主动背黑锅，化干戈为玉帛。有时只需要敢于背黑锅，主动地承担责任，就可以化解双方的尴尬。比如，一起出去爬山时，发现队中有女生跟不上众人脚步，可以停下说：“不走了，不走了，这么好的风景，如果错过了我会懊悔终身的。”

适当的时候，给别人一个台阶下，就能让自己收获更多的信任与支持。

第八章

朋友越来越少联系你？增进友情的话要会说

把安慰的话说到朋友心里

“你又怎么了？”

“这事没什么大不了的。”

“我还当发生了什么，原来就这点儿事……”

“我知道，我都知道……”

当我们伤心、郁闷，需要找人倾诉，寻求安慰的时候，有时却会听到上述这些回复。我们听后心情非但没有变好，反而还会感觉有一肚子的委屈却无处倾诉，甚至感到旧的烦恼没解决，新的烦恼又来了，心情于是变得更加糟糕。

但在我们的生活中，却也有另一种人，他们常常被称为“知心哥哥”“知心姐姐”等，每当有人找到他们，一番交谈过后，总能感到自己的伤心、委屈得以排解，心情变得轻松愉快。

之所以会有如此不同的结果，并不是由于后一种人有什么特殊的能力，而只是因为他们将安慰的话说到了朋友的心里而已。

那么，我们要如何做，才能将安慰话说到朋友心里，成为别人眼中的“知心哥哥”“知心姐姐”呢？

在回答这个问题之前，不妨先来做道选择题。

都知道鲁迅先生笔下的祥林嫂，早先死了丈夫，后又被卖给了另一户人家做媳妇，没几年那个男人又被伤寒夺去了性命，之后孩子丧命于野兽之口。连番的打击使得祥林嫂变得丧魂落魄，显得有些疯癫，整日将“我真傻……”挂在嘴边。

如果遇到她，该如何安慰这个悲伤的女人呢？

A. 想开点儿吧，至少你还活着，还有希望。

B. 没事儿，你总会走出来的，时间是最好的良药。

C. 算啦，我比你还惨呢，现在不还照样活得好好的！

D. 这件事发生得太突然，孩子是你唯一的希望，现在你失去了他，一下子没法接受，心里也特别难受吧？

E. 人要往前看，老是这样抱怨有什么用啊！你要赶紧振作起来，想想接下来该怎么办！

F. 虽然你现在受了好多苦，但老天是公平的，悲剧过后也许会有好事情发生。你要相信，一切都会好起来的。

G. 女人当坚强！失去了丈夫与孩子，你就活不下去了吗？你不能总是为别人而活，你要活出自己的意义来！

H. 唉，我特别能理解你的感受。我们都是一样的，生而为人，就是要遭受苦难。

伯特·海灵格说过，正确的语言会触动灵魂。那么在这么多钥匙之中，你会选择哪一把来叩开她的心灵之门？

没有标准的答案，但真正能让人衷心感到慰藉的，却只有D。这个答案指向悲伤之人，指出她此时此刻的体验，且没有擅自指导，也没有妄加评判。而这也是最好的安慰方式。

下面再来看看其他选项：

A. 指向未来，否定了她这一刻所遭受的一切不幸。

B. 指向未来，做出毫无意义的承诺。

C. 将关注点转向了自己，想当然地以为“既然我可以，你为什么不行”。

E. 指向未来，迫切地做出指导，忽视了她这一刻的体验。

F. 指向未来，将希望寄托于虚幻。

G. 给她贴上了“懦弱”的标签，迫切地做出指导。

H. 将关注点转向了自己，抹杀了她的独特性。

所以我们在安慰朋友的时候，最重要的就是要站在朋友的立场，让他感受到有人能与他共进退。

第一，不宜开门见山。尽量避免一上来就问对方原因，尤其是一些“你怎么了”“没事吧”之类的话。没人愿意将自己最脆弱、最无助的一面展现出来，尤其是在彼此的关系还没好到亲密无间时就更是如此。可以在明确知道对方需要安慰而对方又没有主动开口的时候，进行一些简单平和的交流。

“想聊一聊吗？”

“陪我坐坐吧。”

第二，不要轻易做出评价，更不要以自己的想法或者价值观去判断。不要对对方进行批评，即使对方真的有不对的地方，也要等他过了低落期再说。

第三，尽量听对方倾诉，自己适当回应。对方要是愿意将事情的原委道出，说明他信任你；同时他的情感需要宣泄，这个时候认真倾听，适当地用一些“嗯”“喔”“是吗”之类的措辞表示自己认真倾听。说话尽量要舒缓，切忌一惊一乍，更不要随意打断对方或者反客为主地将自己的观点说个没完。

第四，适时讲述自己的故事，转移对方注意力。特别是在我们对于倾诉者的问题感到无能为力或者不知如何安抚时，这可能是比较好的方法。

第五，适度转回正题。在对方将烦恼说得差不多的时候，适当给出自己的建议。但要注意的是，千万不要将自己置身事外，要与对方共进退。

“这种渣男不值得你爱，回头我给你介绍一个。”

“旧的不去新的不来，改天我送你一个。”

“不开心就出去走走，明天下午有刚上映的电影，咱们一起去看吧。”

第六，注意把握时间。一般而言，像这种深入的交流时间在半个小时至一个小时之间。时间太短，对方的情感得不到有效的宣泄；时间过长，又容易造成情感的疲劳。所以在给出自己的建议以后，可以找个合理的理由结束交流。

“时间不早了，你也早点休息吧。”

“别想了，睡一觉就好了。”

只要掌握合适的方法，将安慰的话说到朋友的心坎上，人人都能成为他人心目中的“知心哥哥”“知心姐姐”。

关系再亲密也不可伤及对方的自尊

现实生活中有时会有这样的情况，本来是好朋友的两个人，却因为一句话反目成仇。

或许有人认为这种情况的出现多是因为当事人的“玻璃心”，即所谓的矫情。其实不然，只要伤害了对方的自尊，再亲密的关系都有可能破裂而无法挽回。

李朋与侯军两人从小一起长大，大学毕业后又一起创业，渐渐成了无话不谈的好兄弟。

但侯军为人比较缺乏主见，对公司的发展提不出什么具有建设性的建议，基本上什么事都听李朋的。

本来这也没什么，但是有一次因为李朋决策上的失误，导致公司出现了大量亏损。侯军不免对李朋产生一些埋怨：“你当时怎么不和我商量一下，咱俩合计合计，说不定就能避免。”

李朋一听，顿时火大：“和你商量有什么用，你天天什么事也不关心，就只会坐享其成！”

侯军听后，火气也上来了，与李朋吵了起来，最终不欢而散，两人反目。

有人说：“九十九句话也不一定能相识，但一句话便能使人形同陌路。”

很多时候，伤人自尊的话并不是有意说出的，大多是因为被愤怒冲昏了头脑，往往话刚出口便已经后悔，可已然覆水难收。

而这种情形一旦出现在好友、情侣、夫妻、亲人之间，往往就是导致其决裂的一个重要原因。

“你就是个彻头彻尾的失败者，注定一辈子成不了什么事。”

“你这个废物，自己没本事还怪我？”

“你就是个笨蛋，活该上当受骗！”

所以越是怒火中烧的时候，越是要想办法让自己冷静下来。伤人自尊的话，千万不要说。

而有的时候，其实我们只是想要激励对方，希望对方可以变得更好，却不小心用错了方法，造成伤及对方自尊的后果。

“你怎么这么笨，你就不能向你哥学学？你怎么这么不让人省心。”

“你这样下去能有什么出息？活该被人瞧不起！”

在激励对方的时候，要掌握适当的方法，三思而后行，有时候正面鼓励比痛骂更能起到激励的作用。

人格、梦想、亲情，无论对谁来说都是心中的一片净土，容不得丝毫玷污。

“放弃你那一文不值的梦想吧，它只是一个美好的童话而已。”

“你就没有一点自知之明吗？你自己什么样你不知道吗！”

“你和你爸一样，一辈子都是个废物。”

你可以不认同对方的性格、观点，但表达分歧的时候切不可伤及人格。

生活中很多好友的决裂，往往只是因为一个误会或是一个玩笑，而我们总是在误会或者玩笑之中不经意间伤及对方的自尊。

就好比朋友之间常常喜欢拿对方的缺点来开玩笑，有时候对方并不介意，那是因为这些缺点对他来说根本无关痛痒，而有时候却可能不小心戳到对方的痛点，致使对方恼羞成怒。

就好比说一个人胖，他可能毫不在意，但如果他是因此而失恋，这时你再调侃他胖，他则会大发雷霆。

所以开玩笑时要分场合，下面这些场合下须格外注意：

在对方重视的人面前。在比较重视的人面前，朋友总希望留下好印象。切忌在朋友重视的人跟前揭露他的缺点。

朋友之间。不要在这个朋友面前说另外一个朋友的不是或者隐私。

当然，有时候你是出于好意，想为对方指出毛病，又或者是想让对方不失礼于别人。但你得讲究方式方法，不要伤害到对方的心灵或自尊。否则的话，只会让你更加难做，最终失去朋友。

总之，无论何时何地，出于何种目的，与对方的关系即使再亲密，伤及对方自尊的话也不要说出口。

给爱面子的朋友一点面子

“为什么别人奉承她她就笑脸相迎，而我说句实话却被她讨厌？”

最近小兰总是向朋友抱怨，说自己的同事太过虚伪，每天都说些奉承话，自己有时候看不下去，便说了几句实话，却遭到了同事的排挤。

张姐在她部门算是岁数比较大的，快要到退休的年龄了，但毕竟是女人，还是很爱美的。

某天她穿了条新买的连衣裙，本来一心期待着大家的赞誉之词，可是有位同事一张嘴就说："哎哟，张姐，这裙子太不适合你这岁数了，给我姑娘穿还差不多。"

张姐那脸部肌肉明显就绷了起来，虽然出于涵养还是保持着微笑，但明显感觉之后跟这位同事疏远了很多。

生活中总会遇到一些好面子、爱慕虚荣的人，如果做不到"投其所好"，那至少要保持沉默。

既然选择了开口，那就给爱面子的朋友一点面子。

爱慕虚荣的人在爱面子的群体中占有极大的比重，这样的人总是迫切地希望听到他人的赞美。面对这样的人，我们在交流时要适当照顾他们的心理。

"你皮肤真好，用的什么化妆品啊？"

"这是你女儿吧，可真漂亮。"

"你这操作可以啊，感觉下一期 top10 就有你了。"

"这是你写的吗？太感人了，我都哭了 3 次。"

但注意要真诚，不要太过浮夸，更不要话中带刺。下面是一组反例：

"你皮肤看上去不错啊，这要用多好的化妆品才能做到。"

"这是你女儿？真漂亮，和你可不太像啊。"

"哎哟，你家宝宝真厉害，才两岁就会说话了，一般人家的孩子到七八岁还不会叫妈妈。"

在聊天的过程中，有的人会说大话，言过其实，也就是我们常说的"吹牛皮”。在这种情况下，一味地与对方争辩，不仅会使对方感到难堪，还有可能会使对方恼羞成怒，进而发生争吵、冲突。

所以除非原则问题，不必急着反驳，顺着对方的意思往下说即可。

“你家里这么有钱你还出来上班，太励志了，简直可以说是现在不靠家里的典型。”

“您这么年轻竟然都当上技术总监了，不简单，看来以后需要您多多指点了。”

就算遇到必须反驳，或是需要打断对方谈话的情况，也尽量用委婉或者幽默的方式。

“呦，您还认识 ×× 啊，听说和他交往的都是富豪名人，想必您也不差吧。”

“你可真厉害，×× 连下午的访谈都不参加，专程过来看你。”

当别人有求于自己，而自己做不到或者不想做，需要拒绝的时候，不必太过刻薄，用词尽量委婉，给对方留下一点面子。

“兄弟，我现在的日子也不好过，家里有两个孩子，四个老人，都要靠我一个人养活，实在是帮不了你。”

“我知道你的心，你对我的好我也都看在眼里，但我真的不值得你这么做，你的无私付出，我承受不起。”

“呀，时间都这么晚了，再不回家媳妇又要说我了。这样吧，你让我先回去想想。想好了，我再跟你联系。”

当对方（可能）陷入尴尬的时候，要及时地站出来阻止事态的进一步恶化，给对方留些面子。

面对这种情况，一般有三种方式可以选择：

转移注意力，将众人的视线转移到其他不相关的事情上，保全对方的面子。

以幽默的语言化解尴尬，给对方留一点面子。

在某些特定的情况下，帮对方“圆谎”，不至于让对方丢了面子。

“哦，嫂子啊，李哥？他加班呢，他那个项目比较复杂，一时半会儿估计回不了家，您别着急，一会儿我做完就去帮李哥，肯定让李哥十二点前到家。”

“他以前可是我们班的体育委员，只可惜后来‘弃武从文’，才成了现在这样子。”

“他平时可不是这个样的，可能是见到你有点激动吧。”

爱面子不是什么大不了的事情，适当地给对方留一点面子，成全对方，也是成全自己，至少使得彼此之间可以避免一些尴尬。

在背后说朋友的好话

喜欢听好话似乎是人们的一种共性。当来自社会、他人的赞美使一个人的自尊心、荣誉感得到满足时，他便会情不自禁地感到愉悦和鼓舞，并对赞美者产生亲切感，这时彼此之间的心理距离就会因赞美而缩短，自然就为交际的成功创造了必要的条件。

然而同样是说好话，当面说和背后说的效果是截然不同的。

你当面说，人家会以为你不过是奉承他、讨好他。当你在背后说好话时，人家认为你是出于真心，是真诚赞美他，从而才会领你的情，并感激你。

在小说《红楼梦》中有这样一个情节：史湘云、薛宝钗劝贾宝玉做官，贾宝玉大为反感，对着史湘云和袭人赞美林黛玉说：“林姑娘从来说过这些混账话不曾？若是他也说过这些混账话，我早和他生分了。”凑巧此时黛玉正来到窗外，无意中听见贾宝玉说自己的好话，“不觉又惊又喜，又悲又叹”。结果宝黛两人互诉肺腑，感情大增。

因为在林黛玉看来，宝玉对着湘云、宝钗夸自己且自己并在不场，这种好话是自然流露的。倘若宝玉当着黛玉的面说这番话，好猜疑的林黛玉恐怕还会说宝玉打趣她或想讨好她呢。

在背后说别人的好话，通常会被人认为是发自内心、不带特殊目的的。它能使对方在听到别人“传播”过来的好话后，感受到这种赞扬的真实和诚意，从而在荣誉感得到满足的同时，增强对说好话者的信任感。

你大可放心的是，你在背后说他的好话，很容易就会传到他的耳朵里。

有一个员工，在与同事午休闲谈时，顺便说了上司几句好话：“陈征这个人很不错，办事公正，对我的帮助尤其大，能跟这样的人共事，挺幸运的。”没想到这几句话很快就传到陈征的耳朵里了，这让陈征的心里有些欣慰和感激。而同时，这个员工的形象也提升了。连那些同事在“传播”时，也顺带对这个员工夸赞了一番。

假如你当着上司和同事的面说你上司的好话，你的同事会觉得你是有意讨好上司，拍上司的马屁，甚至对你心生轻蔑。另外，这种正面的夸赞，所产生的效果反而很小，甚至有适得其反的危险。你的上司脸上可能也挂不住，觉得你不真诚。

反观在别人背后说的好话，能极大地表现你的“胸怀”和“真诚”，有事半功倍的效用。如果别人了解你对任何人都一样真诚时，对你的信赖就会日益增加。

这是因为当你直接赞美对方时，对方极可能以为那只是应酬话、恭维话，目的在于讨好自己罢了。若是通过第三者来传达，效果便截然不同。此时，当事者必然认为那是认真的赞美，毫不虚伪，于是真诚接受，对你更加信任。

父母希望孩子用功读书时，如果整天教训孩子，也很难说有多大效果，假如孩子从别人嘴里知道父母对自己的期望和关心、父母在自己身上花的心血，自然会产生极大的动力。

在评价下属的工作时，故意在下属的妻子或朋友面前赞美他，能收到相当好的效果。

多在背后说朋友的好话，有利于巩固彼此之间的友谊，还能向人展示自己的修养，何乐而不为呢？

别让谈话成为你的独角戏

在现实生活中，我们总会遇到这样一种情况：

你去见一个人，和他谈了很多的事，最终的目的是希望能得到他的支持与理解，希望他能照着你设想的方法去做。然而，当你离开以后，却发现事情并没有按照你希望的样子发展。

之所以会产生这样的结果，一个非常重要的原因就是，你将这场谈话变成了你的独角戏。

有一个年轻人，去向希腊哲学家苏格拉底请教演讲术。他为了表示自己口才好，滔滔不绝地讲了许多话。讲完之后，苏格拉底要他交纳双倍的学费。

那个年轻人惊诧地问道：“为什么我学费要加倍呢？”

苏格拉底说：“因为我得教你两样功课，一样是怎样闭嘴，另一样才是怎样演讲。”

大多数人都想让别人认为我们是聪明的、机智的和精明的。然而那些费尽心机想为自己制造一个精明形象的人，常常是聪明反被聪明误，反而容易被人评价为“自作聪明”。

谈得过多也会暴露自己。在与人交谈的过程中，特别是在许多重大的商业谈判中，隐藏自己的态度尤为重要，在没有摸清对方情况的前提下，谈得太多，便会不经意间流露出自己的态度，致使己方处于被动地位。

尼日利亚流传着这样一个寓言故事：

一个猎人在灌木丛中捡到一颗老人的头颅。

他就问：“你怎么会到这里来？”

头颅回答：“是因为我爱说话的缘故。”

猎人便跑到国王面前，对他说：“我在灌木丛中捡到一颗干枯的头颅，他问起你的父母亲今天如何。”

国王说：“自从我生下后，从来没听说过死人头颅会说话。”

国王于是召来了阿尔卡里、萨巴和德基，询问他们是不是听说过这样的事。这些聪明人没有一个听说有这样的事。他们决定派一名卫士跟猎人一起到灌木丛中看个究竟。假如猎人撒谎，就当即杀了他。

卫兵和猎人来到头颅面前，猎人对头颅说：“头颅，说话！”头颅不吱声。

猎人像先前一样问道：“你怎么会到这里来？”头颅仍不回答。

猎人整整恳求了一天，要头颅开口说话，可是头颅就是不开口。

到了晚上，卫兵又命令猎人让头颅说话，可是猎人依旧失败了。于是卫兵就按国王的命令，将猎人杀了。

当卫兵刚离开灌木丛，头颅就张口对猎人的头说：“你怎么会到这里来？”

猎人的头回答：“是因为我爱说话的缘故。”

如果你把全部的注意力都集中在对方身上，你就知道他在想什么，他想要做什么；相反，如果你的注意力全部聚集在自己身上，就难以与你周围人进行交往，因此，倾听还能帮助你克服自我中心意识。

那么，我们在倾听时有哪些值得注意的呢？

一、注视正在讲话的人。任何值得听的人也值得注视，它会帮助你集中注意力听对方在说些什么，也方便之后及时做出回答。

二、对他所说的内容表现出足够的兴趣。要让对方感受到你被他的话语所吸引，不能只是一味地听，还要适当地做出回应。

三、向前微倾你的身体。这种身体语言会暗示对方，你对他的讲话很感兴趣，会给对方留下一个比较好的印象。

四、提问。在恰当的时候，提出合适的问题，这表明你一直在专心地听他讲。

五、不要打断对方。相反，请他多讲。如果你直到对方讲完也不打断，大多数人都会感受到很大的肯定。如果你能使他把想讲的话全部讲出来，就可以说，他受到了双倍的肯定。为此，你可以适度提一些引导性的问题，如“假如你不介意，麻烦把刚才的最后一点再讲得充分些”或者“我希望更多地了解你说的 ×× 事”等。

六、专注于讲话者的主题。在别人没讲完以前，切忌改变他的主题，无论你如何急于开始一个新话题。

只要遵从以上几点，就能有效提升谈话的互动性，从而使其免于成为自己的独角戏。

不要轻易揭朋友的老底儿

俗话说：“打人不打脸，骂人不揭短。”在日常生活中，人与人打交道的过程中常常都有自己的“禁区”——忌讳别人提及的事。我们也常常听到一些如“瘸子面前不说短”“胖子面前不提肥”“东施面前不言丑”等说法，别人的短处、缺陷和隐私要尽量避而不谈。

某次，几个同事到外地去参加一个研讨会，晚上大家吃过饭后聚在一起闲聊。当大家聊到麻将这个话题的时候，一向快人快语的王冉冉就说蔡东来的麻将瘾特别大，但蔡东来早已不打麻将了，便争辩了一句。

而王冉冉在大家都在场的情况下非但没有换个话题，反而继续说个不停：“鬼才相信你不打麻将！早两年的时候，每天一下班，你就四处找人打麻将。你老婆每天在饭店工作很辛苦，很晚才能回家，你儿子放学根本进不了家门，你玩到深更半夜才回家。你都不管老婆、儿子，你看你儿子现在成绩这么差，你是怎么当爹的啊！”

蔡东来听了王冉冉这一通话后脸立刻红了，他马上站起来，逃向了自己的房间。

蔡东来以前确实是喜好打麻将，由于输了很多钱且影响到家人的生活，后来就戒掉了。因此，蔡东来最怕别人说他以前沉迷麻将的事，尤其是当着同事的面。然而，王冉冉却一股脑儿地说了出来，这令蔡东来感到颜面扫地。

每个人都有自己独特的人生经历，都有自己的缺陷、弱点，也许是生理上的，也许是隐藏在内心深处不堪回首的经历，这些往往是他们不愿提及的“疮疤”，是他们在社交场合极力回避的问题。

被说到痛处，对任何人来说，都不是一件令人愉快的事。人的缺点，或者家庭不幸，或者其他的短处，已经让他很苦恼了，我们不应在原本可以回避的情况下提及，更不该对其妄加评论。

还记得第一次坐飞机的时候，不太会系安全带，旁边恰好是一位老人，他边教我边说：“姑娘是第一次坐飞机吧？一看就没有经验。”或许他是说者无心，但当时那个“谢谢”，我说得却有几分尴尬。

原本第一次坐飞机我就已经够紧张了，还被人当面揭穿，内心更加不是滋味。

而说人隐私，揭人老底儿，其实是很不尊重人的事情，并且还会严重破坏彼此之间的友谊。

一次聚会上，小李意外碰到了一个高中同学，对方大呼："你刚离婚就出来聚会啊？你心态调整得真快。"小李原本离婚后心情不好，想通过参加聚会的方式转移一下注意力，结果高中同学这番评论，无疑是对所有参加聚会的人公开了她刚离婚的这个事实。一怒之下，她转身离开，而那个高中同学，从此也被她拉入了黑名单。

我们经常谈起情商，高情商有很多具体的表现，但是有一点是基本的，就是不当面揭人老底儿。

在这个世界上，没有一点儿短处的人是不存在的。对于别人的短处，我们要抱着包容接纳的态度，能不说穿的，坚决不说穿，更不能到处散播。

生活中，一个德行好的人，听到是非会闭口不言，不妄加评论，更不会到处宣扬。注意自己的口德，是一种美德。

所以，对别人的短处要尽量避而不谈，要多夸赞别人的优点，千万不要去揭别人的老底儿，即便是至亲好友。

即便请好朋友帮忙，也要客气些

在生活和工作中，我们难免会遇到需要别人帮忙的时候却不知道怎么开口，或是请求别人帮忙却遭到拒绝的情况。而如果别人的帮助是我们迫切需要的话，请求帮助的表达让人易于接受就显得比较重要了。

小艾与小葵本是一对好朋友，毕业后两个人一起当北漂，合租了一间房子。

小艾的公司离住所有些远，每次要比小葵晚一个小时到家，便让小葵回来时打扫下房间："你回来的时候把房间打扫一下。"

之后又以早上上班走得太匆忙为由，让小葵上班时顺路把垃圾丢出去。

开始小葵只是有些不满，但时间长了，便心生埋怨：请我帮忙也没个好态度，也不知道请我吃顿饭。

于是小葵便找了个机会对小艾说："怎么每次都是我，你怎么不打扫？"

小艾委屈道："我天天上班忙啊，你又没事干，帮帮忙怎么了。"

小葵很生气，便与小艾争吵起来，最终彻底决裂。

两个人本是亲密无间的好友，却因为几次帮忙而产生矛盾，最终决裂，其根本原因便是小艾在请求朋友帮助时太不客气，不懂感激。

如果请求朋友帮忙时，不注意表达的态度和方式，而选择理直气壮地开口，不仅不利于获得帮助，还容易伤及彼此的情谊。

那么如何请求别人帮忙，什么样的忙才可以请别人帮呢？

首先，注意自己的语气要温和，方式要委婉，不要用命令式的口吻。

"你给我倒杯水。"

"你帮我把文案写好。"

"你给我去超市买一瓶洗发水。"

这种命令式的口吻尤其令人反感，因为它会给人一种居高临下，颐指气使的感觉，令人难以接受请求。

在请别人帮忙的时候，可以多用"请""劳驾""麻烦您"之类的话语。比如：

"麻烦您给我倒杯水吧。"

"拜托您帮我写这个文案吧。"

“麻烦您去超市帮我买瓶洗发水好吗？”

其次，面对自己有能力独自解决的事情，不要直截了当地说出诉求，这样会让朋友对你产生一种“明明自己能做，却喜欢麻烦别人”的印象，不仅降低了得到帮助的概率，还会妨碍彼此的友谊。

所以，面对自己力所能及的事情，先说出自己遇到的困难或者不便，再表达希望得到朋友帮助的愿望。比如：

“我现在走不开，麻烦你帮我查一下资料好吗？”

“我马上要去开会，麻烦你帮我接待一下陈总。”

“最近手头有点紧，能不能先借我点钱。”

尽量不要发生过多的金钱往来，人际交往是靠感情维护的，一旦过多地涉及金钱利益了，就容易让关系变质，倾向于一种雇佣或交换的关系，对双方友情的维系非常不利。

“只要你去帮我买一斤苹果，剩下的钱就归你了。”

“你帮我这一次，事后我送你一辆奔驰。”

如果想要表达对对方的感谢，可以用更感性的方式回报对方。比如“我回头请你吃饭”之类，既回报了对方，又能避免关系变质，最重要的是还可以借此来联络彼此之间的感情。

俗话说：“好借好还，再借不难。”这句话虽然讲的是借钱的原则，却也很适用于请人帮助这件事。人际交往的核心是“往来”，如果你只是喜欢“来”而不乐意“往”，那么恐怕帮助你的人通常只会给你提供一次帮助而没有下次。

“不好意思，我借用下你的车，明天还你。”

“我今晚在这借宿，明天找到房子就搬过去。”

帮助理应是相互的。许多事情正是因为有了别人的大力帮助我们才取得进展、成功，所以当别人请我们帮忙的时候，我们应在自己能力范围内尽量提供帮助。

最后，要注意一点，任何一个人都不愿为了帮助朋友而为自己带来困扰或麻烦。请求朋友帮忙，还需要因人而异，每个人的能力有所不同，能提供给你的帮助也不尽相同。在请求朋友帮忙之前需要了解朋友的能力和处境，根据实际情况提出适当的要求，如果要求超出了朋友的能力，你不仅得不到帮助，而且会让对方感到尴尬，对你们的关系也非常不利。

在寻求帮助的时候，多站在对方的角度考虑，讲究礼貌用语，用恰当的表达向对方提出诉求，往往能减少遭到对方拒绝的可能性。

“关心”过度也会造成伤害

“我明明只是关心她，她为什么要这样对我？”

“我做错什么了，难道关心一下也有错吗？”

“我做的一切都是为他好，他为什么就是不能理解？”

生活中总会有这么一种体验，当对某个人表现出过分的关心，或者对其行为表现出过度关注的时候，非但没有获得对方的感激，反而会遭到对方莫名其妙的冷淡，甚至反感与抗拒。此时，我们心里就会产生一种觉得对方辜负自己好意，甚至完全不知好歹的委屈情绪。

可事实真是如此吗？

原来，那些所谓的关心过度，往往会带来一定的伤害。

公司新来了一位女同事小美，为人特别热情。

同事小李买了一个心仪已久的卡通塑料杯，小美见了马上说：“塑料杯有毒不能用来喝水呀。”小李微笑回应说：“我知道呀，可是我太喜欢了。”

第二天看见了，她又说：“哎呀，你不知道塑料杯有毒吗？”小李笑了笑没有说话。

第三天小美仍不放弃：“唉，说了有毒你还喝。”小李没有回应，打好水便灰着脸走开了。

小李有些尴尬，便开始对小美敬而远之。

同事璇儿买了一套化妆品，小美见了马上说：“你为什么买这个牌子啊？很多人都说他家的产品有些化学成分严重超标，价格又不便宜，我觉得××牌子的比这个好多了。”

璇儿笑道：“没事，我一直用这个，习惯了。”

可小美似乎没听进去，以后每次见了都会说几句。璇儿对她的态度也由开始的感激渐渐变为冷淡，最后甚至有些反感。

过度的关心，并不能让人感到愉悦，反而会给人强烈的压力，从而使人产生反感甚至排斥。

这在心理学上叫作心理卷入程度过高。即指个人在心理上与环境的关联程度过高，容易过度为他人操心和受他人影响。

而对于这种心理卷入程度过高的原因分析中，有一个很重要的解释便是，其本身具有不自信的特质，害怕别人对他的否定与排斥。

由于对自己不自信，害怕别人否定自己，所以他们便首先否定别人，然后再尝试引导别人进入自己的思维框架，从而获得别人的认可。

像小美这样，作为刚进公司的新人，与同事之间的感情自然不像老同事之间那么熟络，所以她内心希望更好地融入大家。而且她在业务技能方面相对也比较生疏，所以她潜意识里亦迫切地需要别人对自己的肯定。

生活中人们经常会有这样一种经历：大家对推销人员普遍存在不同程度的抗拒，特别是在自己明确表示不需要，甚至反复地拒绝后，他仍向你喋喋不休地陈述时，这种抗拒就会升级为反感，甚至厌恶。

当某些人尝试改变我们的固有思维时，我们的内心防御机制就会立马被激活，从而表现出明显的抗拒。而如果此时对方没有选择适可而止，而是反复尝试去改变，甚至攻击时，在防御机制的催发下，我们便会进行有效的反击，便会不自主地产生更多的负面情绪因子：反感，厌恶，甚至愤怒。

仔细想想，这种过度关心别人生活的人，其实与推销人员并无二致，都是在向别人推销自己的“产品”，唯一的区别便是前者向别人兜售的是自己的观念。

甚至从某些意义上来说，这种过度的“关心”比推销员更易招人抗拒与反感。

因为这种“关心”多发生于朋友、同学或者同事这种长期产生交集的关系之中，无论从信任的角度考虑，还是从相处的时间上看，显然都对彼此的影响更为深远。

而我们内心深处的防御机制，就像一根绷紧的皮筋，外界对我们思维改变的潜在危险性越强，它受到的挑战就越大，表现出的抗拒情绪也就越强烈。

正所谓“距离产生美”，我们都知道，在社会活动中，人与人之间都存在一个身体上的安全距离，越过了那个距离便会让人觉得不自在。类似的，人的心理上也同样存在着安全距离。

其实，现代人的生活节奏快、工作压力大，与其花太多时间去过度“关心”别人，倒不如静下心来好好充实自己。

努力过好自己的生活，对朋友的关心适可而止，每个人都有自己生活的方式与原则，亦存在不同的思维与观念，给彼此一个舒适的距离即是对彼此情感的充分尊重。

第九章

在微信朋友圈不讨人喜欢？有必要学点网络沟通术

你在朋友圈评论了什么，使得友谊的小船说翻就翻

微信朋友圈如今已经普遍进入我们的生活之中，或者可以说朋友圈已经成为我们许多人社交中不可缺少的一部分。

我想很多人都有过这种经历，那就是当朋友发了一条朋友圈，自己给他评论以后并不见他给你回复，这种情况我想很多人都会觉得郁闷！

这种感觉就好像是，你满怀热情地冲上去面带微笑地跟他讲话，却被他一脸冷漠地回应。

然而更多的时候，并不是因为对方“冷漠”拒绝回复，而是我们的评论用错了方式。

王小川没有什么别的爱好，就是特别喜爱旅游，但旅游毕竟要花不少钱，于是当自己好不容易连赚带省地存下一些钱时，就会跑到一个景点去玩。

每到一个景点，王小川都习惯拍照留念并把它发到朋友圈，这个时候总会有人评论“这么有钱，天天出去浪”之类的话。

一开始王小川每次看到这样的评论都特别生气，心想：我只是把自己开心的一面展示给你们看，节俭的那一面没有展示而已。再说我出去玩和你有什么关系呢，也没有花你一分钱。

后来再碰到类似的评论他都不回复，他在心里告诉自己：他们爱怎么说怎么说，只要自己玩得开心就好。

千万不要小看任何一条简单的朋友圈，无论是发一张图、转一篇文、说一段话，很多时候都是朋友经过一番编辑加工才最终发布的。刷了这么久的

朋友圈，我们早已习惯的是大家在发状态前常常都会适度设计一下。所以大家完全没必要表现得大惊小怪，对别人的状态进行评论时更是要用心一些，不能太过随意。

要明白耿直和刻薄不是一回事，别用耿直当作自己刻薄的借口。

唐果果向朋友抱怨，说她同事群里几乎所有人都把她拉黑，或者设置了互相不看朋友圈。

唐果果自己认为，这是因为她太耿直了。

比如有朋友发了一张自拍，朋友圈里一片点赞，还有类似“少女，你好”这样明确的赞扬，但唐果果的评论却是：“美图秀秀用得好熟练。”

有人转发了一条行业资讯，朋友圈里的同行点了赞，唐果果却发了这样一条评论：“里面很多观点失之偏颇，我们要多讨论。”

有人发了孩子照片，朋友圈里纷纷表扬小朋友可爱，唐果果一定要实话实说：“为什么这孩子眼睛没有你的大？”

在现实生活中，当你说错话的时候，还可以通过别人的表情、语气、态度来判断出对方不开心了。但是到了微信上，大家都隔着手机屏幕，对方对你的评论反感时，可以不理会、不回复。此时你无法获取对方的反应，自以为是地继续“坦率”地评论下去，那么久而久之，就会面临被别人屏蔽而不自知的局面。

切记坦率和口无遮拦并不是一回事。耿直或者犀利，是个特别常用的理由，它促使一部分人总是做出“实在”的评论，却又总是不讨人喜欢。

很多时候，所谓的犀利和耿直不过是内心薄凉的外在表现，披着“真实”的外套伤害他人。

如果没有好话，至少可以什么也不说。人们发朋友圈通常情况下内心都是期待获得他人的认同和赞赏的，而非酸溜溜的“直言”。

在正确的场合说恰当的话是一个人教养的重要表现，表现在朋友圈上即是发合适的评论。

那么怎样才能在朋友圈发表合适的评论，不让不得体的评论为自己减分呢？

第一，不要在别人的朋友圈里直接发表批评性评论，毕竟其他熟人也能看见，人家怎么回复呢？有不同意见可以私信。

第二，评论不宜太长，以免喧宾夺主。其实评论的质量并不在于字数多少，而在于是否能体会到状态发布者的情感并做出契合的评论。

朋友圈是个社交场合，表达的是礼尚往来、及时关注的态度，它和其他社交场所一样，并不十分欢迎“耿直”与“犀利”。

很多时候，我们要的不是一句冷冰冰硬邦邦的“真话”，而是语言背后热气腾腾的“真心”。

朋友圈分享须谨慎

这年头，微信朋友圈已然成了大伙儿分享“衣食住行”与“吃喝玩乐”的第二生活圈。把自己平时遇见的事、去过的地方、好玩的经历展现给自己的微信好友，不亦乐乎。

然而却有几种行为，分分钟都会给人一种果断屏蔽他们朋友圈的冲动！

微商的广告

每天 24 小时持续刷屏，推荐各种好用的面膜、护肤品和名牌包等，一款面膜的功效甚至被夸到有助于治好皮肤病；还有各种代购，仿佛自己各国的商品都能买到……

如果确实把微商作为一项事业的话，那么最好把生活号与工作号分开，免得日后朋友相见也感到尴尬。

成功学大师

“乔布斯大学都没念完就在车库创业。”

“马云当初求职当服务员屡屡被拒。”

“小布什上学时考试经常不及格。”

朋友圈经常会遇到这种情况，今天转一篇乔布斯语录，明天转一段马云传奇，类似的还有各种大腕经历、励志故事、职场秘诀、成功经验什么的。

但是醒醒吧，他们不是因为这些所谓的“成功秘诀”才获得成功的，而是因为他们成功了，这些才是成功秘诀。

转发祈福控

转发祈福并不惹人反感，毕竟它本身也是一件很正能量的事。但是现在网上有很多信息都是虚假的，以讹传讹，在没有弄清事实真相之前，请先思考一下。

有时候甚至我们所呼吁保护的“受害者”，本身就是整个事件的推动者，不求真相地肆意扩散，难免会被别有用心的人利用，形成网络暴力，最终伤害到真正无辜的人。

负能量满满型

“现在的你，再怎么努力也没有用。”

“对这个世界已经绝望了。”

“生活毫无意义。”

在朋友圈抱怨自己的不满，姑且当作一种发泄，希望从朋友的留言中寻找安慰，从而让自己脆弱的心灵得到一点满足。

人人都会有伤心难过的时候，沮丧的心情通过朋友圈来记录表达一下是无可厚非的。然而如果一个人总是内心消极悲观，沉浸在负能量的分享中不能自拔的话，难免会让大家心生厌倦。

做微商，如何发朋友圈才不会被拉黑

现在的朋友圈，几乎被各种广告攻占了。本想了解下各位朋友的近况，可映入眼帘的却是各种面膜、鞋子、内衣、包包……

昔日的好友转眼做微商，每天的朋友圈都被几十条广告淹没，心里厌烦却不好开口，最终忍无可忍，以拉黑来做无声抗议。

或许有人认为只要刷屏就会被拉黑，其实不然，电视一直在插播广告，没见过谁就因此不看电视了。

那么，做微商的人要如何发朋友圈才能避免被好友拉黑，还能让大家对你发的内容感兴趣，甚至购买你的产品呢?

首先，内容要尽量原创。

比较容易引起反感的，就是那种发朋友圈只字不改，直接复制粘贴别人朋友圈内容的，没有任何自己的想法在里面。

朋友圈更应该是个人特点和魅力的展示平台，而不应该是他人的翻版。虽然做微商，所卖的产品有品牌，但是这个产品品牌只有融合了个人的特点，才有生命力和吸引力。

千万别自以为转发别人的东西好友不知道，很多时候你发的东西大家一眼就能看出是不是你自己写的，不要图省事，做微商只有真诚才能打动人。

其次，朋友圈的内容要体现正能量。

传播正能量并不是在网上随便找一些心灵鸡汤来发，要具体到生活中的人和物，如一个可爱的小朋友或一朵花等，不一定和产品直接相关，但是要能彰显个人的审美和品味。

此外，内容上丰富有趣也是十分必要的。

全部发广告肯定招人烦，微商的朋友圈，在生活情趣和产品推广之间要有个平衡，无论是生活片段还是产品宣传，如果能做到有趣的表达，那就最好不过了。

比如你卖化妆品，可以分享一些自己或客户搞怪的用法，像用修容笔画鼻梁、画腹肌等。

这样大家看了你的朋友圈不仅心情好，还能记住你的产品。

有一则笑话：

老师要求写一篇爱情故事，必须以悲剧结尾，尽量简练，字数不限。

某同学不到五分钟就交了上来：

“嫁给我好吗？”

“滚。”

这则笑话启示我们，发朋友圈一定要精练，抓重点。有些朋友圈的广告文案让人十分费解的便是用了一堆表情符号掺在产品的文字描述里，半天也弄不明白到底宣传什么。

发朋友圈时，产品的卖点最好提炼一下，尽量简洁，两三句说清楚为最佳。如果一定要用长文案的话，应整理一下，分条列出，一大段堆砌下来，让人看着就累。

如果卖的产品种类很多，最好归类整理一下，一次多放几张图，不要一种发一条，刷屏太多容易被拉黑。

最后，还有两点需要注意。

一是发朋友圈的时间要有讲究，尽量把发送时间控制在你的客户正好刷朋友圈的时候。

假设你的客户主要是白领，那第一次发图不妨在上午九点之前。因为大家在上班路上常常都会刷下朋友圈；可以把第二次发图放在午休时间，因为大部分白领午休时也有刷手机的习惯；第三次发图便可放在下班的时候，与上班同理。第四次就是晚上睡前。

不过要注意的一点就是：每次刷屏尽量以不超过四条朋友圈为宜。太多会引起他人反感。

二是配图一定要尽量美观。无论是自己生活的还是产品的图片，都应认真挑选最漂亮的。有美感的图片会给人愉悦感。随便一拍就上传的，不注意角度和美感，再好的产品也会让人提不起兴趣，也会让人觉得你这个人没有品位，增加了被屏蔽的可能。

此外，还应注意与圈里好友多多互动，对于好友的朋友圈，不要看过就看过了，不留一点痕迹，不要吝啬自己的点赞和评论。

大家都希望得到别人的关注，你多点赞多评论，也是增加存在感和赢得好感的一种方式，即使之前他屏蔽你了，也有可能再次关注你的。

微商人人都能做，但想要做好却不容易。

其实做微商，依靠的与其说是朋友圈的人际网络，不如说是自己的信用度，别人觉得你这个人不错，信任你，才会买你的产品。反之，任你说得天花乱坠，别人也会不为所动。

相亲加了微信，怎么聊才不会冷场

“你好，我叫 ××，你叫什么名字？”

“我叫 ××。”

“认识你很高兴。”

“嗯。”

相信绝大多数微信相亲都会发生这样的对白，而绝大多数情况下接下来会陷入短暂的冷场。之后双方就会强行找话题，陷入尴尬的气氛。

都说相亲是现代男女结婚的快速之道，也可以说相亲都是很实际的，如果不能进行有效的交流，使彼此产生兴趣，那么这场相亲也算是宣告失败了。

那么相亲的双方都不太熟悉，怎么进行聊天，才不会陷入冷场？

第一，用幽默的开场白引起对方的聊天兴致。

开场白，相当于一个人的名片，可以使对方简单地了解自己。

微信相亲之前，两个人还属于完全的陌生人，在这种情况下聊天，如果你的开场白很生硬，会让对方没有跟你聊天的兴致，甚至可能在打了招呼之后就不想再理你了。

想要解决这个问题，就需要一个别具一格的开场白，这可以是各种方式、各种形式，可以适当展现自己的学识。

其中最好用的当数幽默式的开场白，这可以让对方感到心情愉悦，觉得跟你聊天很有意思，这样你就迈出聊天的第一步了。

可以利用幽默搞笑的段子或者电视剧有趣的对白作为聊天的开始，比如：

男：山无陵，天地合，乃敢与君绝。

女：海可枯，石可烂，深情永不变。

男：紫薇！

女：尔康！

男：好配合啊！（握手）

女：你很幽默。

第二，对方不理你，就用求助法聊天。

如果你在相亲过程中未能给对方留下好的印象，对方把你的微信号长期打入冷宫，对你的邀约见面也无动于衷，没有任何想要和你见面发展的打算，那么你要如何补救呢？

这时你最好先改善一下你们之间的关系，对方不理你，你就想一些方法让他理你。比如求助式的聊天技巧：我有一个朋友最近要过生日，不知道送什么，你们都是男生（女生），你说我送什么比较好呢？

可以求助对方的问题有很多，要注意的是你的问题必须是开放性的。换句话来说就是你问完这个问题之后必须能延伸出别的话题，否则你问完问题就没话说了，也就不能实现聊天互动的目的。

第三，投其所好，适当调侃。

微信相亲是见面之前了解对方的基础，加了微信你就要利用好这个工具。比如，多翻翻对方的朋友圈，多了解一些对方的为人、性格以及兴趣爱好等，这样你才能通过事先做的功课在与对方见面的时候抢占先机。

另外，对方刚发的朋友圈也是你和对方聊天的契机，告诉对方“你刚刚发到朋友圈的那条新闻我最近也有关注，你觉得……”，用类似这样的话题开头，用讨论式或提问式的方法引起对方聊天的兴趣，然后传达一种你们有共同话题的感觉，让对方喜欢上和你交流。

此外，你也可以适当地调侃，让对方产生好感，当然如果对方不喜欢你的调侃，就要适可而止，千万别把关系弄僵了。一句话，好感度越高，相亲成功的概率也就越高。

具体技巧，就以实际案例说明：

“我猜你是狮子座！”

“你是学艺术的！”

“你是护士！”

首先发起聊天的话最好是判断句。

像“你是谁”“你好”“你在吗”之类的一律不要说，因为对不熟悉的人而言这些都不重要，如何在几句话之内吸引他的注意力才是关键。

但这个判断句其实并不是毫无根据的猜测，主要依据可以来源于彼此之前的聊天，也可以来源于对方的朋友圈相册。

不要担心自己猜错。猜错了没关系，女孩子喜欢你猜她的心思，只要答案不要太离谱，对方都会根据你的答案来加以修正。

“不对，你再猜！”

“很接近，但不太对。”

不对可以接着猜，实在猜不出也不用纠结这个问题。

如果有幸猜对了，对方问你是怎么知道的时候，要保持一定的神秘感，不能太直率，可以有依据地“瞎说”，也可以以幽默的方式“瞎说”。

“因为狮子座的人拥有宏大的理想……”

“你全身上下散发着艺术气息，根本无法掩盖。”

如果对方再三追问再如实说出缘由。

不追问，也可以反过来让对方猜自己。

同时，当你猜对了对方一个身份信息的时候，对方对你的好感往往会提升许多。

这时候可以选择顺延性的继续“猜”，比如，因为晒英文课本被挖掘出大学生的身份，然后顺藤摸瓜一直猜下去。

面对冷场，可以用猜的方式，初识的男女最好的互动方式就是猜来猜去。

同时注意把握从整体到细节的步骤。比如，当对方说出播音主持的时候，传递的是一个相对宽泛的信息，这个时候你需要具体到某个点，像是从播音主持落到《城市之音》，从而让下面的聊天可以进展下去。

只要掌握一定的方法，便可使微信相亲告别冷场，让自己更加顺利地找到自己的另一半。

如何在微信群里聊天才最受欢迎

随着科技的发展，现在无论是生活中还是工作上，越来越多的人喜欢使用微信群聊来联络感情或是扩展业务。

但是我们往往会发现，本来群里聊天的氛围火热，却常常有人一出现就能制造冷场。

或者看着别人聊得很高兴，自己想要加入，好不容易接一句，结果却得不到别人的回应。

其实，这些都是单纯地不会在微信群里聊天的表现，想要成为最受欢迎的人，就要学会如何在微信群里与人愉快地聊天。

首先，要关注群里最活跃的几个人，如果你加入的是一个高质量的群，发现群里的气氛极其活跃，也想进入群聊，那么先别着急，看看群里哪几个人最活跃，大家也最捧场，争取加上这几个人好友，或者把这几个人的群聊记录看一遍。

想要很自然地接别人的话，就得先知道别人说过哪些话。

如果不清楚对方说过什么，可以在群右上角的群信息里找一个“查找聊天记录”的按钮，打开后可以查询群成员的聊天记录，比如你看到一位好友聊天记录是这样的：

邻三月：现在每天得画了眉毛才出门，突然惊恐地发现以前自己是怎么没画眉毛出门的。

邻三月：买了两本《秘密花园》。

看完你发现对方对眉笔感兴趣，可以这样说：“@邻三月，我给你推荐一款眉笔，特别好用，进口货，皮肤敏感的人特别合适，我上个图给你看啊……”

切记，最好在你要聊的对象在线而且群里聊天不是特别活跃的时候发起聊天，避免聊天被别人的话淹没。

其次，需要拥有花式表情包，根据不同的情况使用不同的表情包。

我们都会发现一个问题，自己在老家的聊天群，总是潜水，很少说话。但在同学群、工作群等同龄聊天群时，却可以长篇大论，乐此不疲。

这是为什么呢？因为一看表情包就知道是不是同一个世界的人。

对比一下你活跃与不活跃的群便会发现两个事实。

第一个事实是如果你不会用五种以上的表情表达“好的”，你的群聊技能堪忧。

第二个事实是表情包的代沟，比年龄的代沟更为严重。

学会“+1”比发表深刻见解更容易融入。我们在一个群里，都希望得到别人的注意。不管你努力卖萌、发红包、装深沉或者冷冷一句戗死所有的人，都不如先成为一个愿意在群里为别人鼓掌的人。

与其处处在微信群里表现你的深刻、睿智、无所不知，不如在群里先表达你的友善。

不要强行扭转别人的话题，大家聊得好好的，突然你插入一个和当前的话题完全不相关的内容，能不冷场吗？

接你的话，原来的话题打断了；不接你的话，感觉话题又被你带跑了。大家这么一犹豫的几秒钟，就冷场了。

比如，在讨论晚上聚餐的时候，突然有人跳出来分享一篇文章。

本来分享文章不是坏事，但是在别人正在聊的话题后面突然抛出你的文章或者活动，没有前因后果，没有铺垫，大家的兴致一下子就被破坏了，这还能在群聊中受到欢迎吗？

所以，想在一个群里聊天，你就得真聊，而不是甩东西等大家和你聊。至少你甩东西之前，先铺垫一下。比如，“看大家聊得这么热闹，我感觉有个东西对你们也会有帮助，我可以发进来吗？”

很多时候根本就不是不会聊天，是你心里只把自己放在第一位。

再次，记得群聊时 @ 一下对方。

活跃的群，尤其是那些人数较多的大群，一聊到劲头就会出现刷屏的情况，一刷屏就需要爬楼，一爬楼就容易把别人回复自己的话弄丢。

不能指望手机时代大家一直盯着你的信息看，所以会聊天的人，如果怕对方漏掉信息，一定要记得主动 @ 一下。

这样就算别人当时不在，过一会儿还是可以马上找到信息的。

最后，还需要注意，多发图片，少发语音。

图片更加直观形象，容易让人接受，最不济还能博人一笑，而语音则让人多了需要点开的麻烦。

只要掌握适当的方法，多站在别人的角度考虑，做一个会说话的人，还有什么道理不受人欢迎呢？

如何礼貌地结束聊天，才不显得尴尬生硬

现在微信在我们生活中越来越重要，很多工作上或是生活上的事情，都是在微信上交流的。

然而总会有那么几次，因为工作或者生活的不愉快，我们会迫不及待地想结束一场对话。

汪强的朋友特别喜欢聊天，常常在微信上与汪强谈天说地。

有一次两个人聊天的时候，同事突然发来信息说汪强的项目有些小问题，让汪强改改。

汪强一边改项目一边与朋友聊天，渐渐就有些力不从心，对朋友的喋喋不休也有点反感，但又不好意思明说，便开始敷衍朋友，希望朋友自己明白。

不管朋友说什么，他都用“嗯”“哦”“呵呵”来回答，或是直接回个表情包。

过了一会儿汪强忙了起来，便不再回复，果然一会儿朋友便不再说话。

之后这位朋友很长时间都不再来找他聊天，汪强开始还没感觉怎样，

后来渐渐感到有些不对。

汪强多方打听才知道，朋友感觉他太过敷衍自己，有些生气了。

结束聊天的时候太过随意，会给人一种敷衍的感觉，会严重影响双方之间的情感。

比如，别人说什么你都甩表情包，虽说使用表情包没有什么错，但是这样会显得你很漫不经心，特别是对方在正儿八经地说事情的时候，就会不理解你发的表情的含义。

或是别人说什么,都只回复“嗯”“哦”“呵呵”。一连串的“嗯”“哦”“呵呵”代表一种什么心情呢？别人该不该继续和我们聊天呢？这样既敷衍又显得尴尬。

再比如，自己明明在线，但别人说什么却很长时间都不回复，这常常让人摸不着头脑。

既然微信聊天已几乎成为我们生活中不可或缺的一部分，那么当我们不想和他人聊天时该如何结束呢？

首先，应该给出积极的评论。我们可以感谢对方愿意花时间和自己聊天，对方也能意识到，我们不想继续聊了。如果我们必须腾出时间去做要紧事，不妨直说。

其次，回到聊天的最初目的。聊天最自然的方式就是，聊着聊着就聊回话题本身。几乎每一段谈话都会有一个目的，不管是工作上的事，还是兴趣爱好。这个时候你可以对彼此的谈话做一小结，说一些类似于“关于××事情，你的建议很不错，我会尝试的”之类的话，表明对话已经达到目的，可以关闭聊天窗口了。

用一个自然的过渡，也就是一个可以让你结束聊天的理由。比如，手机没有电了、流量超标了、到饭点了……只要不会显得太突兀的都可以。

等对方不再说话的时候结束聊天。有种情况是，因为对方自身原因，说着说着就没有下文了，整个对话陷入了迟缓的状态中。这个时候你可以自己找理由离开，给对方一个台阶下，比如可以这样说：“和你聊天很愉快，但是不得不到此为止，我得去处理一件重要的事情。”

面对无法清晰表达观点的朋友，你要抓住停顿，帮助他回到重点。有些朋友确实不太擅长表达，这种不会表达，不是一句话不说，而是说个没完但是却没个重点。比如说，本来你们的目的是约在某个地方吃饭，但是对方说完吃饭又说电影，说完电影又聊游戏，聊完游戏又聊八卦，话题很多但是漫无边际。对待这种情况的一个办法是：抓住空隙，替他说出重点，然后就可以找借口离开了。

如果谈话时间太长，你可以直接表达结束聊天的意愿，比如说：“不知不觉聊到了（晚上）十一点半了，是时候休息了，明天还得上班呢。”“不好意思啊，我们下次再聊……”不管你是不是真的想休息，这样模糊的借口也是对方不好拒绝的。

其实有礼貌地结束一段对话，并不是一味地迁就对方，而是在愉快聊天的基础上，让对方明白聊天到此为止。在愉快聊天这件事情上，需要学习和积累，情商可以不高，但是不能丢失最基本的礼貌。

第十章

面试屡屡受挫？HR 有话对你说

没有工作经验如何打动面试官

相信有过求职经历的人对用人单位的一些招聘要求都不陌生，其中有一条比较普遍的就是要求具有相关工作经验。可见工作经验对求职的成功起着很大的作用。

白雪是国内一所名牌大学中文专业的应届毕业生，毕业之后希望能够从事与自己专业相关的职业，却发现很多报社、出版社、新媒体的工作都需要一年以上的工作经验。

白雪的工作经验不够，投出去的简历如石沉大海一般不见回复。无奈之下她只能选择广撒网的方式来期望有面试官看到自己。终于，等到了机会——白雪收到一个杂志社的面试邀请。她精心准备，期望给面试官留下一个好印象。

面试官对白雪的第一印象良好，让白雪介绍一下自己。

白雪认为自己的机会来了，滔滔不绝地讲起自己的学习经历、家庭情况、目标薪资以及自己的职业规划。

面试官微微皱眉，也不好打断，认真听了三分钟后，见白雪还没有说到关键内容，只好主动询问："你觉得你对于这个职位，有什么优势？"

"我没有从事过相关工作，对这个职位不太了解，但我一定能做好。"

面试官也没说什么，只是让白雪先回去等通知。

最后，白雪没有能够等到面试通过的通知，心里很受打击。

大部分的职位都有对于工作经验的要求，很多面试者都因为工作经验缺乏而遭到拒绝。其实这些都只是表象，遭到拒绝往往不是因为经验不足，而是“能力”不够。

企业真正在乎的不是工作经验，而是这个人的能力。

有人统计，找四五个实习生可能还不顶一个能独当一面的老手，而且实习生的培训，成本也远远高于老手。找实习生、应届生回来，得做一系列培训，培训得专门抽人去做。培训人员的时间加上实习生培训的时间，让很多公司觉得划不来。

那么，没有工作经验就找不到工作了吗？其实不然。

企业所看重的“能力”，其实不单单是工作能力或者与工作相关的技术功底，更重要的是应聘者本身特有的“能力”，值得公司花费时间、精力大力培养的“能力”。

夏柳青是一位普普通通的大专毕业生，在学校没有参加过什么社团活动，也没有拿到过什么校园奖项，甚至连班级干部都不是。

夏柳青毕业后，选择应聘微信公众号内容编辑的工作。

面试时，面试官对于夏柳青并不看好，确实相对于其他应聘者来说，夏柳青也并不占什么优势。

于是面试官习惯性地问了一句：“你对于咱们这个职位有什么看法？你觉得你相比于其他人，有什么优势？”

“我觉得咱们这个公众号主要是面向大货车司机群体，我对这个群体有所了解，这些人比较在意安全问题，更加注重路况以及天气状况，我们可以以此着手。另外，我有一个自己的公众号，在校期间写过相关的作品，相信可以更快地融入工作当中。”

面试官微微点头，对夏柳青的回答非常满意，欣然录用了夏柳青，决定好好培养，使其成为公司未来的骨干。

工作经验不足，意味着我们工作能力的欠缺，对这个职位本身不了解，无法接手高强度工作。这是我们身上无法抹去的劣势，但这点也无可厚非，毕竟没有人一上来就什么都会。但重要的是要扬长避短，展示自身特有的能力，让面试官觉得自己有培养的价值。

那么，我们如何做才能扬长避短，打动面试官呢？

首先，要明白一点，在进入房间说第一句话时，这场面试就已经开始了。

自我介绍的过程，其实就是在考验求职者的表达能力、概括能力。不要求字正腔圆，但至少要吐字清晰、条理通顺。

在此基础上，凸显自己的性格、学习能力与稳定性。

工作难免会面临压力，如果无法承受压力，不能积极面对挫折，那么必将失败。

性格好的人往往化解压力的能力也强，虽说这不是绝对的，但却有一定的事实根据。这也算得上是一项个人优势了。

其次，本身能力不足，希望别人培养，那么首先就必须证明你是一个学习能力很强、悟性很高、脑子很灵活的人。

如果以上都不是自己的优势，那么就需要对公司表达诚意，表示自己会在公司脚踏实地地工作。

一个公司无法指望新人一开始就为公司创造效益，公司对新人总是先要投入培训成本的。经过一段培训适应期，新人开始产出效益，但是这仅仅使公司收回了之前付出的成本。一般没有工作经验的新人至少需要一年才能让公司看到他做出明显的贡献。所以如果新人很快离职，那么公司就必将遭受损失。

可是诚意不能只是简单的嘴上说说而已，谁也不知道在未来的几年内会发生什么。如果什么优势也没有，只能突出自己踏实肯干的一面，那不妨用一些实际情况来证明，即向公司表明自己离家近、对薪资没有太大追求、近期没有结婚的打算等。

没有工作经验也不必太担心，只要充分展现自己，让面试官看到培养自己的价值，也能找到自己满意的工作。

巧妙应对面试官的“刁难”

炎炎夏日，对于为面试奔波以求获得新工作机会的人们来说，烈日和高温绝对是不小的考验。

但除了炎热的天气，在面试的时候应对好面试官接二连三抛出的问题，可能更会让应聘者出一身汗——实在是让人捉摸不透，让人烦躁，绞尽脑汁也找不到满意答案。

童彤本是拥有两年工作经验的自媒体从业人员，因为个人的原因，希望跳槽到另外一家公司。

在参加面试前，童彤做了很多的准备工作，期望能给面试官留下一个好印象。

本来一切正常，而试官只是让童彤做了简单的自我介绍，询问了一些关于工作经历、业务能力以及具体的工作事宜等问题。虽然没有明说，但看得出来面试官对她的表现很满意。

但最后，面试官突然提出让童彤简单说一下自己的优缺点。

童彤猝不及防，由于之前没有想到会有这种问题，只能如实回答：“我的优点是工作认真，仔细，交代下来的任务一定能按时完成。缺点是对新鲜事物接受得比较慢……”

童彤还未说完，面试官就有点皱眉，之后随便问了几个问题，便让童彤先回去等消息。

几天后，童彤就遭到了公司的拒绝。

“你的优缺点是什么？”这绝对可以说是最让应聘者感到头疼的问题，仿佛无论如何回答，面试官都不会满意。

童彤对自己优点的总结尚且中规中矩，但对缺点的总结却是致命的。

因为她不想暴露自己性格上的重大缺点，于是就随意找一个像“对新鲜事物接受得比较慢”这样看似不太重要的缺点，却不想成了自己面试中最明显的败笔。

或许对其他行业来说这个缺点显得不太重要，但对于自媒体来说，连新鲜事物都不能快速接受，又怎么可能胜任工作呢？

那么有人会问：既然不能说真话，那么就要说假话吗？

对，但也不对。重要的不是说“假话”，而是要懂得隐瞒部分的实情。

林天翔有一次参加面试时，被面试官问及自身优缺点。

林天翔回答道：“我的优点是喜欢运动，喜欢跑步，我觉得运动能让我工作学习事半功倍。我最大的缺点是不喜欢按照计划去跑步。”

面试官有些诧异：“你刚刚不是说自己喜欢跑步吗？这不是自相矛盾？”

“我是喜欢跑步，但我不喜欢按照计划每周做重复性的工作，比如计划每天晚上去跑步，我可能明天不想跑，那我今天就把明天的跑了。”

面试官思考了片刻：“那现在有一份很重要但每天都必须做的事让你去做，你会怎么办？”

“我每天会先把这件事做完，然后开心地去做其他的事。”

就像林天翔这样，他的优缺点只有这些吗？

其实并不是，只是被他巧妙地利用“假话”隐藏起来了，而且还让人丝毫看不出破绽。

那么面对面试官的“刁难”我们应该如何做？又应该如何利用“假话”来巧妙地展示自己的优缺点？

首先，要明白，面试官所希望知道的，并不是我们的优缺点到底是什么，而是我们的优点究竟能够为我们今后的工作提供哪些帮助，缺点又会对我们今后工作产生哪些不良的影响。

所以在说自己的优点时，不要一句带过，但也不可太浮夸或是自吹自擂，最好能够与工作产生交集。比如，做文秘、财会工作可以说自己性格内向，办事认真。

如果不能与工作产生交集，可以在后面加上解释，比如："我的优点是好学，喜欢读书。我觉得读书能够使我缓解自身的负面情绪，使我能以更好的精神状态投入生活与工作之中。"

而在谈及自己的缺点时，则应避重就轻，最大限度地使我们的缺点不会对工作造成影响。

在"避重就轻"的过程中，又有几点需要格外注意：

避免说不算是缺点的缺点，如"对朋友太好""不懂得如何拒绝别人的请求"之类看似缺点，实则有自夸之嫌的回答。

避免说与工作无关的缺点，如"有洁癖""为人太客气""不会做饭"之类毫无相关性的缺点。

避免说无法改善的缺点，如"脑子不太好，常常无法理解别人所要表达的内容""电脑盲，完全不会用电脑"这类会对工作造成严重影响，且目前没有解决方案的缺点。

避免说致命的缺点，如"因为性格孤僻无法与人合作""因为懒惰经常迟到早退"这类会严重影响正常工作的缺点。

同时，在说出自己的缺点之后，一定要提出自己正在努力改善，如果能用到自己的优点，则会增加可信度。

"我写的字比较丑，但我现在每天都会花一个小时来练字，比起过去已经有很大的进步。"

"我 PS 的水平比较一般，所以我买了高级 PS 的教程，现在每天晚上都在自学。"

只要做到有效地利用"假话"来隐藏自身存在的不足，巧妙地应对面试官的"刁难"，也没有想象中的那么困难。

莫说缺乏自信的话

“面试紧张怎么办？”

“面试失败了怎么办？”

“面试没有信心怎么办？”

相信在参加面试之前或者面试的过程之中，很多人都会遇到类似的问题，而这些问题的根本，其实只是缺乏自信而已。

刘兰是一个性格内向的女孩，没有什么交际圈，不擅长与人交流，也比较自卑。

毕业之后她到某家金融销售公司应聘，期望进入金融行业。

面试官首先让刘兰做了个简单的自我介绍，不承想刘兰紧张得有些说不出话来，一句话就磕绊上两次。

面试官无奈只能自己询问：“你之前做过这个行业吗，对咱们这个行业了解吗？”

“没，没有，完全不了解。”

面试官又问：“那你觉得，你对于这个职位来说，有什么优势？”

刘兰认真想了想：“没什么优势，我不太会，但我能学。”

面试官比较失望，但还是决定给一个机会：“你觉得你能胜任这份工作吗？”

“或许吧，我应该能够做好本职工作。”

就是这句话，彻底浇灭了面试官的希望，也断送了刘兰的这一场面试。

刘兰的不自信，导致她在回答问题时都磕磕绊绊，给出的答案也是极度缺乏自信的。

某公司规定说：“应聘者声音轻如蚊子者，不予录用；说话没有抑扬顿挫者，不予录用；交谈不得要领者，不予录用；面谈不能干脆利落地回答问题者，不予录用；说话缺少气势，使人不耐烦者，不予录用……”

一个自己都不相信的人，公司又怎么敢相信他，进而把重要的职位交给他呢？

小风觉得自己个子矮，看起来不成熟，对自己不是很自信，面试前总是紧张焦虑，害怕面试。

对此，他找到了一些应对的办法。

在面试前一天，他会保证自己吃好睡好，以便有足够的精力应对第二天的面试。

而在面试开始前，他会努力地做自己喜欢的事情来分散面试时的紧张。

有一次面试图书策划与营销，面试官问小风："你觉得你能胜任这份工作吗？"

小风并没有做过，但还是给出了肯定的答案："我觉得我能够胜任，我之前在校期间，与朋友一起成立过一个杂志工作室，对类似的营销策划有一些经验。"

面试官对于小风这一段经历产生了充分的兴趣，便认真询问了起来。

小风也因为说到了自己擅长的领域，越说越自信，最终获得了人事部发来的录用通知。

文章《拒绝严肃，在你的工作中保持幽默感》的作者迈克尔·克尔这样说道："每年我们都会看到很多调查或者投票，其中会列举求职者在面试中做的一些愚蠢的事或说的一些无礼的话。所以，显而易见，有些人仍然尚未意识到：你在面试中的回答非常重要，那是对你的考核。"

人事经理通过面试评估你是否适合此份工作时，他会依据你的创造力、反应力、情商以及你对待工作的态度——所以记住这句话：结果不仅取决于你在面试中说了些什么，还取决于你是如何表达它们的。

"你的声音，你的肢体语言都将被仔细观察，借以作为衡量你能否胜任他们所提供工作的另一项指标。"迈克尔·克尔说道。

所以，面试时不自信没有关系，重要的是我们如何做能使自己看上去比较自信，或者怎么表达能给人一种“我能行”的印象。

首先，要敢于思考，敢于说出来。

回想起我们刚进大学去社团面试时特别紧张的状态，在很大程度上是因为我们对那些社团不熟悉，以及对自己语言表达的不自信。

而在一对一的面试中也是如此，由于对自己不自信，我们只会死板地回答面试官问的每一个问题，根本不敢也不会借着他们的问题举一反三，趁机说出很多自己的故事来凸显自己的优势。

所以，在面试之前，首先需要列一个表：你想干什么、能干什么、干成了什么、期望什么、短期计划（6个月内）、中期计划（1—2年）、在之前岗位上起到的作用、协调或者参与了哪些工作、为什么离职等。

然后针对这些问题做出模拟面试，每个问题至少有三种相同意思却不重样的答案，做到心里有数，以便让面试流程进入自己熟悉的领域。

其次，面试之前做一些自己擅长的事情，缓解心里的压力，减少自己的紧张。

也可以给自己做一些心理暗示，就是不断地在心里鼓励自己，不要太在乎自己的缺点。其实别人也不会太在意这些，别人要听的是你的故事和你的经历。越是这么想，自己就越敢说，会形成一种正循环。

很多时候，我们的不自信是由于不必要的心理障碍导致的。自信问题并不是一时一事就可以解决的，但应对面试还是有一些办法的。

掌握一定的面试技巧，莫说不自信的话，将大大提高面试的成功率。如此，自己就会变得更加自信，从而进入一个良性循环。

面试说自己不在乎薪酬是很致命的

“我都已经不在乎薪酬了，为什么还不给我发录用通知？”

刚毕业的学弟经常抱怨，每次面试，当面试官问及薪水时，他总是抱着学习的态度，对薪资不提要求。然而即便如此，学弟还是迟迟不被录用。

或许有人会说，是学弟自己能力不过关、表现不够好等原因。

那么，真的如此吗？被问及薪水，说自己不在乎真的就没有问题吗？

黄彦俊大学学的是网络工程专业，毕业以后来到一家游戏公司参加面试，期望在此学习到更加先进的技术。

面试开始时，一切顺利，面试官也对黄彦俊表现出了浓厚的兴趣。

在面试快要结束的时候，面试官问及黄彦俊对自己的薪资待遇有什么要求。

黄彦俊略微思索了一下，回道："目前我对自己的薪资待遇没有什么要求，我更看重自己的前途，希望能从公司学习到更多的东西，提升自己的技术。"

面试官听罢，也不再多说什么，便让黄彦俊先回去，之后就没有了消息。

黄彦俊的失误正在于说自己不在乎薪酬，说自己希望有更好的发展，提升自己的技术。公司主管会认为这个人只是单纯地希望来到公司进行学习，而没有长干下去的愿望。

况且，公司也担心黄彦俊遇到其他公司能够为他提供更大发展时，会选择跳槽。

薪酬是一个人生活的最基本保障，如果一个人连这些与自己息息相关的东西都不在乎、不重视的话，面试官很难相信这个人会多么在意公司。

况且，薪酬是公司对一个人工作能力最重要的肯定，如果不在乎薪酬，那么公司将会失去对个人的制约，很难保证个人不会因为其他原因而跳槽。

李岩是某网站的网络编辑，在工作两年以后，因对自己的工作环境不太满意而选择了跳槽。

在一家小说阅读网站面试时，面试官问及李岩在上家公司的工资。

李岩对上一家公司的工资并不满意，不想以此来给面试官参考，便婉言拒绝："抱歉，我与之前的公司签订了保密协议，不方便回答。"

面试官又问："那么在我们这儿工作，您希望有什么样的薪资待遇？"

李岩在来之前就做好了准备，结合本行业的平均薪资和自己的工作经验对自己的薪资进行预估。

"其实工资并不是我决定工作机会的唯一因素，我更加看重在贵公司得到更好的发展，如果您一定要我回答这个问题，我希望以我的教育背景及工作经验，我的工资不低于年薪85000元。"

很多求职者面试谈薪酬的时候，都害怕因自己提出的要求过高而失去工作机会。其实完全没有必要，因为公司更加在乎的是个人能给公司带来怎样的实际利益，而一个人所提出的薪酬，往往也能对判断这个人的能力起到一个参考作用。甚至有时候，如果应聘者提出的薪酬过低，就可能会被认为格局太低，对自己完全没有信心，那么公司又怎么放心把重要的职位交给这样的人。

那么，我们在面试被问及薪酬时，应该如何说出自己的预期呢？

首先，在参加面试之前，应当做好充足的功课。可以从论坛、贴吧或是招聘网站，了解一下从事本行业的人员工资都是多少，对本行业的平均工资至少做到大体上心里有数，以此来确立自己的薪酬目标。如果能得知应聘企业的工资范围，那么将进一步确定自己薪酬的预期范围。

其次，根据自己的个人情况适当调整预期，如自己的工作经验、职业的特殊性、专业的稀缺性等。

再次，在预估薪酬时，还要根据公司的实际情况做出适当的调整，比如你得知某公司急缺网络构架师，恰好自己又擅长，就完全可以在自己的预期上做小幅度上浮。

最后，自己心里一定要做出每月的最低预算标准。以一个职场新人为例，其生活成本最起码应该包括住房费用（房租或者按揭）、水电气费、伙食费、医疗费用、交通费用和娱乐费用等，把这些费用一一列出应该就是你的最低收入额。

千万不要奢望天天享受西式早餐或者名贵化妆品，那可以是自己的奋斗目标，也可以是自己的未来，但现在也许还不到时候。

薪酬与我们的日常生活息息相关，往往决定了我们的生活质量，如果一份工作连最基本的生活都不能保障，即便是前景再好，恐怕对自己来说也不适合。

所以在被问及薪酬的时候，并不需要担心会因此给面试官留下不好的印象，如实地回答即可。

弄虚作假注定要出局

一般来说，求职者在面试过程中可能会因为下意识或者无意中的一些行为而遭到淘汰。而这些行为，也成为求职者心目中的禁区。

前些时日，某招聘网站的论坛就“HR 们会因为哪些行为而淘汰求职者”这一话题做了一项投票调查，结果显示，有 65.85% 的人认为面试时向 HR 提供虚假简历最容易被 HR 淘汰。

苏倩是一家公司的人事经理，一次在招聘实习生时，遇到一个面试者在简历上写了自己担任班长，在校期间参加过多场社会活动，也参与组织过学校的一些大型活动。因为是实习生，所以也没有特别在意简历上信息的真假，只是非常巧的是他有两个同班同学也过来面试。

第二个同学面试的时候苏倩也没有特别注意，直到第三个同学来面试的时候，苏倩忍不住开了一个小玩笑：“咱们还真是有缘，你的班长 ×× 和另外一个同学都来我们公司面试了。”

但是这第三个同学明显愣了一下，有些尴尬地说：“我的班长是另外一个人，您可能是认错人了吧。”

此时苏倩立刻明白了，第一个同学应该是撒了谎，即使他的能力还不错，但是苏倩还是决定不录用这个人。

有的毕业生为了获得面试机会，会在简历上写一些自己没有担任的职务，或是没有参加过的社会活动，虽然这样或许能获得面试机会，但是一旦被识破，就会被拉进公司诚信黑名单。

面试官事先普遍都会看一遍求职者的简历，这样在面试时才能针对他的资料问出关键问题。但是现在许多简历只要看一眼就已经漏洞百出，根本经不起推敲，更别提面试时那些被问出来的虚假经历、技能了。一旦被打上“虚假”的标签，就算你再优秀，公司也不会录用你。

温迪是某公司的一名HR，她来这家公司之前在一家猎头公司工作，面试看人非常准。曾经有个面试者，通过了两轮业务面试后，温迪给他做了素质面试，面试后她认为这个人的工作经验“过于整齐”，有伪造嫌疑。

在温迪看来，这个人的每段工作经历时间都差不多，而且几乎都是“无缝连接”。于是她建议做一个背景调查。但因为做背景调查需要当事人的同意，结果这个面试者一直拖着不同意。

后来温迪访问了该面试者的一些社交网络主页，发现其所发布的内容与所提供的背景有些出入。

面对温迪的质问，面试者也回答不出，之后便没有再来公司，而温迪也将其列入了公司招聘的黑名单。

不过其实就算不做背景调查，等你入职的时候也是要提供社保账号的，公司HR通过社保记录就可以看到有多少公司给你交过社保，交了多长时间，一旦跟你的简历对不上就会发现问题。有的人觉得自己跳槽频繁，就有意“合并”了一些工作经历，但是通过社保记录一查就能看出来。

求职者可以对简历做出适当的修饰，却不能造假。修饰与造假之间，有着本质上的区别。

某招聘平台曾经对 HR 做过调查：你能允许求职者的简历有多大水分？一些 HR 表示，要看一下水分出在哪里，有的水分是夸大，有的是失真，对于最基本的情况，如学历、工作经历等，必须是真实的，一旦有所隐瞒就是非常重大的问题。但是对于能力方面的夸大其词，或是对自己的包装都在情理之中。

由此可以看出，招聘人员对待简历造假和适当修饰的反应是完全不同的。即使面试时侥幸没被发现，在以后的日子里也可能随时被查出来。简历造假往往意味着求职者会失去这份工作，并在求职记录上留下污点。而且行业圈子很小，一旦被贴上“不诚信”的标签，很容易就在业内流传开来，进而被列进行业圈子的黑名单。

简历的内容可以写得详细丰富一些，排版可以做得好看一些，但是千万不要造假。大多数企业的用人原则是诚信永远大过能力。所以，弄虚作假者注定会被淘汰出局。

高谈阔论会减分

“我觉得自己与面试官聊得很开心，为什么还是会失败呢？”相信很多应聘者都会有这样的困惑，明明与面试官聊得很好，也充分地展示了自己的优点，却总是遭到拒绝。

王舒生一直觉得自己口才很好，善于沟通，认为自己很适合做销售，于是就信心满满地去面试了。

因为刚毕业，没什么工作经验，面试官便问及他大学期间是否有相关的实习经历或社会实践。王舒生认为这是他最拿手的问题，开始侃侃而谈自己的在校经历。

“我在大学期间学习成绩优异，在校园活动中也表现活跃，多次在演讲比赛中得奖。我有着丰富的实习经历，有一家大公司曾想和我签约，但我觉得该公司晋升缓慢，不利于我的个人发展……”

自信满满的王舒生充分展现了自己的口才，希望可以捞足“印象分”，甚至不顾考官频频做出“停止”的手势。

面试官最终没有录用王舒生。

面对面试官的提问，喋喋不休，高谈阔论，恨不得将自己知道的全部展现给面试官，很多人以为这样就能脱颖而出，但这恰恰会引起面试官的反感。

正所谓“一瓶不响，半瓶晃荡”，面试过程中，高谈阔论并不一定能突显自己的真才实干，反而可能会给人留下夸夸其谈的印象。

刘保是一名刚毕业的大学生，没有工作经验，实习经验也与自己本专业不太相关。

但刘保从小就想成为一位广告策划员，便来到一家电视广告公司面试。

因为没有工作经验，面试官就问起了在学校的经历。

“我在校期间多次参加微视频大赛，虽然没有取得特别好的名次，却不曾放弃，这一段经历也让我充分认识了自己，改进了不足。”

面试官对刘保还是比较满意，便又问了一个问题：“现在广告大多投放在网上，你对电视广告的前景有什么看法。”

“或许别人不看好它的前景，但我不这么认为。我不懂那么多，但我知道既然电视还是五大媒体之一，那自然有它存在的道理。最重要的是，我热爱这个行业，也愿意为这个行业付出。”

面试官对于刘保很是满意，当场就拍板聘用了他。

面试官之所以问工作经验与学习经历，其实只是想知道我们与该公司是否匹配，是否有能力直接上岗，或是在简单的培训后就能上岗。大量没有主旨的成就介绍既不能让面试官看到我们与该职位的匹配度，也容易让面试官失去耐心。

那么诸如“你认为行业的前景如何”“你对我们公司有什么样的了解”“你对这个职位有什么看法”之类的问题，其实都可以概括成一句话：你有没有能力从事这个行业（胜任这个职位）？

显而易见，面试官期待的回答不是我们对这个行业大加点评，而是我们是否能胜任这个职位，忠诚于这个行业。

所以，这时我们最需要做的不是高谈阔论，而是针对问题的重点展现出自己与之相匹配的能力，与我们对于行业的信心以及从事该行业的决心。

那么我们应该如何做才能避免高谈阔论，从而给面试官留下一个良好的印象，使其放心地把职位交给我们呢？

首先，要明白，多说多错，说得少也意味出错的机会就少。所以，回答面试官提问的时候一定要简明扼要，抓住问题的重点，不要做过多的延伸或扩展。

其次，在做到简明扼要的基础上展现自己的核心竞争力。表述的条理性等细节能表现出你在该工作上的专业度、熟练度。因此，在面试前一定要准备充分，尤其是专业性强的领域，很有必要对可能被问到的话题提前打好腹稿。

最后，谈话一定要向积极的方向引导。我们都知道人无完人，却无法忽视别人的缺点。所以即便自己有缺点，你也可以通过积极的表述和充分的自信心让面试官认为“你就是最适合的人选”。

要明白，高谈阔论并不能突显优势，简明扼要展现自己的核心竞争力才是面试成功的前提。

别让这些肢体语言毁了你的面试

在面试时，不少应聘者与好工作失之交臂，其原因多种多样。

我们在不经意间就会出现一些失误，导致面试的失败还不自知。

李辉是一位刚刚走出校园的毕业生，在校期间模拟了多次面试，效果良好，对自己的未来充满信心。

一次，他参加了某教育网站的招聘，却意外遭到了失败。

李辉面试的时候，有些紧张，模拟面试时的流程便忘记得差不多了。

他先敲了敲门，在对方说“请进”时，直接进去，然后找一把椅子坐下，等待面试官的提问。

面试官却不开口，拿起李辉的简历看了起来。

李辉以为自己的简历有问题，更加紧张，双腿忍不住发抖，见面试官望向自己，赶忙用手按住双腿，让腿显得自然一些。

面试官也没有说什么，只是与李辉聊了起来，慢慢地李辉也放松起来。

当聊起李辉的家庭时，李辉完全放松了，就如同在家和朋友闲聊一般，向后倚靠，跷起二郎腿与面试官唠起家常。

直到面试结束的时候，李辉还是一副意犹未尽的样子，结果没想到几天后，他就收到了面试失败的通知。

李辉其实就是不注意自己的肢体语言的典型。开始的紧张让他多出很多不自信的肢体语言，这时面试官已经对李辉表示失望，认为其能力不足，可惜李辉还不自知。放松之后的一系列肢体语言，更是为他打上了轻浮、不够沉稳的标签。

据某家招聘网站论坛统计，在与人面对面直接交流时，语言所起到的效果仅占 7%，而肢体语言的效果大于 50%，剩下的效果则来自语音语调。

李勋仁是一个严于律己的人，无论在什么场合，他都要求自己对人对事一丝不苟。

一次参加面试，面试的人比较多，他便在面试的房间外安静等待。

等轮到了自己，便起身先整理一下自己的衣服，才走到面试房间门前敲门示意。

等到门里传来“请进”之后，他开门微微鞠躬，得到面试官的点头示意后，轻轻关上门，在对面找个位置坐下。

即便如此，李勋仁还是不肯对自己放松，两手合十放在桌面，上身保持挺直略向前倾，头部端正，目光平视面试官。

对待面试官的问题他认真回答，不卑不亢。

最后结束的时候，他也鞠躬感谢，出门时轻轻关上房门。

没过几天，李勋仁便收到了录用通知。后来他才知道，是他的言行举止打动了面试官。

那么我们究竟应该怎么做才能不让那些不经意间的肢体语言毁掉我们辛苦准备的面试呢？

首先，进门落座放松得体最重要。

进门时要先示意，若不是被单独领进面试室，走进面试室前需先敲门，轻叩两声。若面试室的门敞开着，对着屋内的人点头或微微鞠躬示意，待面试官同意后方能进入。切不可趾高气扬、旁若无人地走进面试室，拖过一把椅子来就直接入座。低头进入，不用眼神和面试官交流的方式也不可取。

要分清主次位置才能就座，一般坐在面试官的对面，即靠入口处。入座时动作轻缓，可以把包放在座位旁。如手中有东西，可轻放在桌子上。坐姿也有讲究。男子两膝间的距离以两拳为宜。女士若穿着裙子，在入座前应用手把裙子向前拢直，入座后并拢双腿或把双腿斜着靠拢。

坐下后千万不要将两腿叉开或者跷二郎腿。而且无论坐着还是站着，不能佝偻着腰，这会让人误以为你身体不适或者不自信。而将手放在腿下会给人一种“还没长大”的感觉。

坐的时候不要坐满整把椅子，上身保持挺直，头部端正，目光平视面试官。一般以坐满椅面的1/2到2/3为宜，身体略向前倾，这表示你在认真倾听对方。如果一个姿势累了，可以适当换一个姿势。但是千万不要让身体扭来扭去不停摇晃，或者抖腿。

其次，要注意的是管好自己的手。

可以将手掌心向下，叠放在两腿之上，也可以将两手合十放在桌上。在面试过程中，可以附带一些手势来强调自己想表达的内容，但手势不宜过多，动作幅度也不宜过大。

情绪激动（或与面试官聊得投机，或与面试官意见不合）时不自觉地拍手、拍桌子，使用“封闭式”肢体语言，即双手交叉抱在胸前或者紧握拳头，传达的都是防御和紧张的信息。

最后，要注意避免其他习惯性的小动作。

比如，回答错误时捂嘴、用手挠头或者吐舌头，这些小动作都会让人觉得你很“孩子气”，不够职业化。

要在短时间内改掉旧的习惯很难，但求职者可以在面试开始前多多提醒自己尽量避免那些习惯性的小动作。

只要做到多注意，避免这些肢体语言，我们将更容易取得面试的成功，从而找到满意的工作。

面试结束该说哪句话

应聘、面试、漫长的等待、被拒绝，再应聘、面试、漫长的等待……直到找到一份满意的工作之前，我们总是在重复这些过程。

当面试官在规定时间内完成了一切面试工作后，他总会礼貌地请我们回去等候通知。

一般来说，我们会说声谢谢，然后不卑不亢故作镇静地走开，然而事实上在回家的路上已经在开始焦急地等待回复……

白鹏飞工作了两年后选择离开家乡，独身前往北京成为北漂的一员。

然而他找工作的历程可谓布满了荆棘。

每次参加面试，白鹏飞都会认真对待，事前做好准备：因为应聘的职位不允许穿着过于随便，于是特地添置一些衣服；有时还会事先背诵好一段英文的自我介绍，只因为想去的那个职位需要较强的英语沟通能力。

每次面试官都会请他回去等通知，白鹏飞也是礼貌性地回一句“谢谢”便回家耐心等待。

然而每次等待了三五天后，他得到的总是拒绝的消息。

这么周而复始几次之后，白鹏飞花费了一个月的时间，却还没有找到满意的工作，最终承受不起庞大的花销而选择返回家乡。

每次被告知回去等消息的时候，其实我们的心里已经开始紧张了，而往往漫长的等待之后，却未能收到好消息，还耗费了大量的时间。

最终的结果，可能就和白鹏飞一样，白白地劳财伤神。

徐道然毕业之后到一家出版社参加面试。

虽然在面试前他做了充足的准备，但在面试的过程中还是有些不尽如人意。

面试结束后，面试官礼貌性地说了一句：“您先回去吧，我和领导商量一下，有结果了过两天联系您。”

徐道然下意识地回了一句“谢谢”，等面试官起身要走才反应过来，于是急忙询问：“请问，我最晚什么时候能得到回音？”

面试官不好直说，只是单纯地往后拖延，明显是徐道然没有机会了。

“那您能否介绍一些其他可能对我感兴趣的人？”

面试官可能是被徐道然的真诚所打动，便将他介绍给了自己的一个朋友。

后边的事情想必也都猜到了，徐道然抓住了机会，通过面试官朋友的面试，进入了那家企业。

面试结束后，礼貌地说声“谢谢”虽然是最基本的礼貌，但如果后边便没有了声音往往会进入漫长的等待。可是，如果你在说声“谢谢”之后再说上一句变被动为主动的话，你的等待至少不会漫漫无期。

那么我们面试之后说什么才能缩短等待的时间，甚至增加自己成功的概率呢？

最简单的方法是在“谢谢”之后，加上一句“您能给我这份工作吗？”。

据说，有很多人是因为在面试结束时勇敢地问了这个问题或是诸如此类的问题，最终得到了那份工作。也许是这样的勇敢打动了面试官，也许是这份执着热切让面试官不好意思再拒绝。也许根本就是运气——但不管如何，在听完了面试官对那份工作的描述后，你可以开口说出这句话，你得到的最坏答复就是“不行”或是“我们需要时间对所有的面试者进行综合评估”之类的话。

如果只是单纯地想知道什么时候有结果，可以加上一句：“我最晚什么时候能得到回复？”

面试结束后，面对你的勇敢，面试官也许会说“我们需要时间考虑”或是“我们会打电话与你约第二次面试时间”。为了掌握主动权，你可继续你的问题，因为你想知道最坏的结果。也许，面试官会说：“可能不会有什么回复了。”你或许会心痛或许会落荒而逃，但你不得不承认，至少这位面试官是认真而诚实的，你也可以另起炉灶全力以赴地准备下一次面试。

“如果因为种种原因您没有在最后期限通知我，我可以联系您吗？”

也许面试官会因为这样的问题恼火，但大部分人都会理解你的心情，知道自己一旦忙起来会顾不上与你的约定。如果这样，你主动联系他也是对他工作的帮助。当然如果他们对你不感兴趣，他们也一定会给出暗示：他们只是在委婉地拒绝你。

如果你知道自己已被拒绝，不妨问一问面试官：“您能否介绍一些其他可能对我感兴趣的人？”

或许会有一份意外的收获。要知道，大部分面试官都与人为善且愿意互相帮助，很可能他不需要你，而他的一位正求贤若渴的朋友刚好需要你。在勇敢地问出你的问题后，仔细地记录下可能存在的约定，并诚恳地对面试官为你多花费时间表示感谢，最后离开。回家后，整理一下思绪，今天的求职工作结束——且慢，还有最后一件事，写一封感谢信寄出，这是面试过程的最后一个环节。

面试的结束，其实也是一种开始，单单用一句简单的“谢谢”来结尾，未免有些对自己不负责任，多花些心思在结束语上，说不定会有意外的收获。

第十一章

求人办事被拒？试试情理交融地说

善用激将法获取帮助

在《三国演义》中，有这么一个情节：赤壁之战，诸葛亮欲请东吴出兵，周瑜在与诸葛亮相见时，却故意反说宜降不宜战。诸葛亮也不相劝，直言曹操有两大志向，其一为“揽二乔于东南兮，乐朝夕之与共”，周瑜听后大为恼怒，加上他原本就是主战派，遂与诸葛亮联手，终在赤壁大败曹操。

其实这就是对于激将法的一种典型运用。

章太炎先生是一位饱学名士，因为得罪了袁世凯，于1914年被幽禁在北京龙泉寺，愤而宣布绝食。

第二天，他的弟子钱玄同、朱逊光、马夷初和吴承仕去看他，劝他进食。章太炎不管别人怎么劝，只是一味地摇头，就是不肯进食。

吴承仕灵机一动，想起了三国名士祢衡击鼓骂曹的故事，于是便说：“先生比祢衡如何？”

章太炎眼睛一瞪说：“祢衡怎么能和我相比呢？”

吴承仕连忙说：“刘表要杀祢衡，自己不愿戴杀士之罪，而指使黄祖下手。现在，袁世凯比刘表高明多了，他不用假黄祖这样的角色，叫先生自己杀自己。”

章太炎听完一骨碌翻身下床，恢复进食。

激将法相对的优点在于，它直击了人的最根本需求——存在价值的认同。而正面请求只是人的表面需求，利益再大也可以选择不要，你的人再好也可以不帮你，而他也不会被认定有错。激将法对人的存在价值提出了疑问。大多数人受到了这样的质疑，都会去努力证明自己是有价值的。这样就明显优于正面请求，成功率更高。

激将法在我们的生活中经常被用到，很多时候我们在求人办事的时候也会有意识地使用激将法。但是我们真的会用激将法吗?

年底叶凡打算买辆车，奈何自己之前大病了一场，手头没有什么闲钱，便想着先向自己的好友李壮借些钱。

叶凡怕打电话遭到拒绝，便亲自去了李壮家。

李壮开始很客气，但听说借钱的事情，便婉言拒绝，声称自己没钱。

叶凡显得有些不高兴:“兄弟，别开玩笑了，你这一年可没少挣钱吧。”

李壮闻言，更是愁眉苦脸:“兄弟，你是知道我的，我这又是赡养父母，又是还房贷，一年工作到头手里也剩不下什么闲钱。”

话已至此，叶凡知道寻常的法子是借不来钱的，便想着激李壮一下:“是不是兄弟，这点小忙都不肯帮?”

李壮面上还是带着笑容，实则心里已有些不高兴了，便直言拒绝了叶凡，之后两个人的来往也渐渐少了。

激将法看似简单，然而也须掌握一些使用技巧。学会使用激将法，能够让我们在求人办事的时候事半功倍;而如果用错了或不会用激将法，往往不仅会导致事情办不成，还会因此得罪人，甚至会出现伤人伤己的局面。

那么我们应该如何使用激将法才能够有效地请求别人的帮助呢?

一是贬低式激将法，通过贬低别人从而达到目的。这也是我们日常生活中最常用到的激将法。

比如，联谊舞会上，一位女嘉宾邀请一位男经理与她跳舞，却遭到对方“我跳不好”的婉拒。于是女嘉宾就说:“哪里是跳不好，您不会是‘妻管严’吧?怕太太知道不让进门?”经理受到刺激，于是仰头大笑，最终迈出优雅的舞步。

这种贬低式的激将法好处自然是易学实用，几乎人人都会。但它的坏处也异常明显：一般人很难把握这种方式的分寸。我们常常会见到家长对孩子使用激将法，期望孩子能够努力上进，但往往适得其反，这就是这种方式使用不当所造成的。

二就是反语式激将法，正话反说，故意扭曲词意来阐述观点，以激发对方发言表态，达到我们预想的效果。

"你眼睁睁地看着她离开什么都不做？"

"我看错你了，没想到你是这种人！"

这种方法的核心在于把握重点，用好了便效果显著，但用得不好，也是毫无作为。

最后，善于使用激将法，是良好沟通能力的一种体现，它为我们与他人的互动交往增加了更多的可能。

一句充满人情味的话，比一堆大道理更有说服力

我们在与人讲道理的时候，对方可能一个字也听不进去，而如果把这些道理换成几句真诚的关心，相信对方会很乐意与自己继续聊下去。

求人办事的时候也是如此，我们不妨巧妙地通过亲友关系，说一些关心的话语来打动对方，从而使其答应我们的请求。

做什么样的工作，就应该使用什么样的工具。求人办事也是如此，有时候我们需要运用自己的情感来帮助达到目的。我们需要了解相应的方法，否则就会出现自己费尽心思，对方却不为所动的局面。

孟友律最近遇到了大麻烦，到处找人借钱，这次求到了一个小学同学身上。

同学将孟友律请到家里，还没坐下，孟友律便说明了来意。

小学同学感到有些为难，两个人虽然家住得不远，又是小时候的同学，但实际的交情并没有那么深厚。于是，小学同学婉言："是这样的，我最近手头也不是很宽裕……"

孟友律一听便有些急了，连忙开口打断："我这次实在是遇到过不去的坎儿了，你就帮我这么一次，你说咱们相识这么多年了，你要是不帮我的话，不是白瞎了咱们这么多年的交情。"

朋友听到最后一句着实有些生气，心想：照你这么说，不借你钱便是没交情了呗，合着你的交情就是用来借钱的啊。

朋友这么一想，顿时态度大变，出言拒绝了孟友律，后来两个人的交情也渐渐淡了。

求人办事的时候，情理交融虽然是个好方法，但也要注意正确地使用，使用不当反而会伤害到彼此的感情。

那我们怎么做才能让我们的话入情入理，更有说服力呢？

首先，我们的态度一定要真诚，放低自己的姿态。要知道，人家帮我们那是人家讲情分，就算不帮，那也无可厚非。说话的时候一定要注意自己的语气，切不可趾高气扬，也不能指手画脚地命令对方。说话要和气，让对方感受到自己的真诚，让对方感受到我们重视彼此的感情，只是实在没有办法才不得已开口求助。

其次，"哭"出真感情来。在需要关系比较深厚的好友或是至亲的帮助时，我们不妨适当表现出自己的"软弱"，动之以情地阐述自己所面临的困难。感情比较好的亲友很容易就会被说服，不会对我们置之不理。这样也能更容易寻得帮助。

最后，要巧妙地套近乎。请陌生人或是不太熟悉的人办事，因为彼此之间不太熟悉，感情也不是那么深厚，再加上现代人的戒心比较大，所以成功的概率不大。我们要巧妙地与对方套近乎，让彼此的感情“迅速升温”。比如，适当地与对方进行一阵亲切的交谈，拉近彼此之间的距离，再开口讲自己想请对方办的事情，便会顺理成章。

值得注意的是，亲情友情是我们立足社会最重要、最美好的情感，平时在亲友之间要多注意联络感情，增加自己的人情味，这样在日后请求帮忙的时候，也会更加轻松容易。

总之，求人办事的时候，不妨多说些具有人情味的话，往往会有意想不到的收获。

诚恳，是最有说服力的语言

我们经常会遇到这样的情况，简单的一句“你好”，有些人说出来会让我们感到敷衍，也有些人说出来会让我们感觉别有用心，而有些人说出来却会让我们如沐春风。

这其实只是因为对方的语气态度的不同而造成的。

大傻并不是真傻，只是因为他做事比较一根筋，所有认识他的人都习惯这么叫他。

大傻总是习惯性地付出不求回报，经常无条件地帮助他人。

后来有一天大傻闷闷不乐地回到宿舍，看着舍友几次欲言又止。

舍友实在是看不下去了，便问：“大傻，你到底咋啦，有事赶紧说啊。”

大傻支支吾吾半天，就憋出来三个字：“借点钱。”

舍友一听顿时笑了：“我当是啥事，借多少你直接说。”

大傻接过钱连声道谢：“我下个月有钱就还你。”

舍友连忙摆手：“不用不用，你什么时候有钱再还就行了。”

大傻却不肯，执意说下月还，舍友拗不过他，也只能顺着他的话接了下去。

有一句经典的广告词：沟通从“心”开始。

之所以经典，正是因为它抓住了人际沟通的重点：“心”。因为世上的人都渴望心与心的交流，渴望与人坦诚相待。我们在求人办事的时候也是如此。如果我们以一颗真诚的心去对待身边的人，对待需要帮助的人，那么换来的将是许许多多的真诚和友爱。

那么，我们在寻求帮助的时候怎样说话才显得诚恳呢？

在大多数情况下，当我们试图取悦他人，尤其是当自己担心说真话或表达内心的真实感受会让人不满时，那就说明我们要说的话可能不是发自内心的了。如果不是出自本意，就请不要假装对某件事情十分关切，否则很可能弄巧成拙。

真正打动人心的话并不在于说得多么流畅、多么动听，而在于表达真诚。一个成功的销售并不一定是个口若悬河的人，却一定是一个善于表达真诚的人。如果你能够用得体的话语表达出你的真诚，你就赢得了对方的信任，建立起相互之间的信赖关系，对方也可能由信赖你的为人进而喜欢你说的话，更进一步喜欢你的产品。

说话，是一个传递信息的过程。因此，提高自己说话的信心，增添自己说话的魅力，不仅在于说话者本人能准确、流畅地表达自己的思想，还在于你所表达的思想、信息能为听众所接受并产生共鸣。只有真诚的话才能赢得人心。

要保持愉悦的心情和对方谈话。在谈话中，对方很容易发现你的心情状态。如果心情糟糕、心不在焉，会让对方觉得你根本就不重视这次谈话，甚至不尊重他，这是非常糟糕的。

在面对面寻求帮助的时候，要注视着对方的眼睛，面带微笑，要让对方感觉到和他谈话很愉快，自己很乐意跟他这样交流，这也才能让对方感受到自己的诚恳。

谈话过程中，要多站在对方的立场来想问题，考虑哪些话适合说，哪些话不适合说。不能不顾对方的感受，避免一个人喋喋不休，否则会让局面变得尴尬。

诚恳，是我们最有说服力的语言。在我们寻求帮助的时候，只要能做到诚恳地向对方发出请求，哪怕只是说一句简单的“帮帮我”，都能获得对方全心全意的帮助。

运用“心理共鸣”，让对方认可你

在我们需要向别人求助的时候，直接提出我们的诉求往往不容易成功。如果开口之前，先避开对方的忌讳，不过早暴露自己的意图，而让对方先一步步地赞同我们的想法，当对方开始顺着我们的思路思考后，便会不自觉地赞同我们的观点，从而更容易答应我们的请求。

一位热爱科学的大学生立志探索科学的奥秘，想要父亲支持自己继续深造。

一天，他对父亲说：“父亲，是什么促成了您同母亲的婚事？”

“我看上她了。”父亲如实回答道。

大学生又问：“那您就没有想过迎娶别的女人吗？”

“当然没有，孩子，我只钟情于你的母亲，她从前可是一位风姿绰约的姑娘。”

大学生说：“您说得没错，她现在风韵犹存。您不曾娶过别的姑娘，是因为您爱的是她。可是您知道吗，我现在也面临着同样的处境。除了科学以外，我不可能再选择别的职业了，因为我喜欢的正是科学。科学对我来说，就如同我所倾慕的女子一般。”

父亲没有说话。大学生继续说："我不曾与人相爱，但我愿与科学为伴。父亲，您为什么不能帮助我实现愿望呢？我一定会成为优秀的科学家。"

最终父亲被他说动，支持他继续深造下去，投身科学事业。

运用"心理共鸣"，让对方认可我们的最大好处，便是让对方有种身临其境的感觉，让对方对我们产生好感，能够理解我们的苦衷，从而更容易同意我们的请求。但如果不能掌握要点，不仅不会对我们产生帮助，还会影响彼此的感情。

庄国良打算让朋友帮自己做一个视频，想着先与朋友联络下感情，便给朋友打了个电话。

朋友接通之后，庄国良也不急着开口，直接与朋友唠起了家长里短，一会儿说好久不见甚是想念，一会儿说天气转凉注意保暖，朋友听着也是纳闷儿，便主动问庄国良是不是有什么事。

庄国良连忙否认说："没什么事，就是想着好久不见，联络联络感情。"

朋友见此也不再多说什么，只是简单地应付。

庄国良见朋友没什么兴致，便聊起了一起上学的往事，又聊起过去同学的近况，硬生生说了十多分钟也没进入正题。

朋友见庄国良也说不到什么正题上，便说手头有事先挂了。

庄国良见朋友要走，连忙把自己的诉求说了出来。

朋友心想：我说怎么想起来给我打电话，原来有求于我，我还真当是来联络感情了。心里不太高兴的他于是随便敷衍了庄国良两句，便拒绝了。

"心理共鸣"虽然是个很实用的方法，但也要掌握其中的技巧。

当我们与人谈论他们自己时，他们就会兴致勃勃，激情昂扬，而且还会很容易入迷，对我们的好感也会直线上升。

所以，我们是否对所谈话题感兴趣不重要，重要的是我们所求助的对象是否对谈话感兴趣。只要我们能够引起对方的兴趣，使双方之间产生共鸣，那么相信对方一定会尽心尽力地帮助自己。

那么我们应该如何运用“心理共鸣”，让对方认可我们，从而答应我们的请求呢？

首先，要找到适合的导入话题，先顾左右而言他，让对方与自己产生共鸣。同时也要掌握引入的时机。如果对方确实有要事在忙，不妨换个时间再说，否则对方很容易因为太忙而随意敷衍自己。

其次，逐渐转移话题，引入正题，在恰当的时候，明确地提出自己的想法或请求。当我们喋喋不休地与人交谈时，很容易引起他人的反感，所以一定要尽快进入正题，拖得太久很可能会引起对方厌烦或是因其他紧急事件而终止这次谈话，导致自己的诉求还没有讲出便已经结束交谈。

最后，为了能够使对方更容易接受，还可以适当地指出对方这样做的好处，或是我们许诺一些好处。

虽说世界上没有两片相同的叶子，但人与人之间还是有许多相似的地方。我们只要说出与所求人之间的共同点，引起对方的“心理共鸣”，就能增加获得对方帮助的概率。

事没办成也要真诚致谢

在日常生活中，当我们向别人求助的时候，有时对方并不能给我们提供帮助，而这时我们也应该表示感谢。

陆小小请求朋友刘浩帮忙做一个产品广告，刘浩也是一口答应了下来。

几天后，陆小小收到刘浩的广告，发现和自己所构思的完全不同，便请刘浩重新修改。

刘浩改过几次，陆小小都是不太满意，心中便有些埋怨：“这完全不对嘛，你到底行不行啊？”

刘浩听后也是有点不高兴，便说不再管陆小小的事情。

陆小小后来花钱请广告公司制作了一个广告，顿时觉得好多了，便把广告发给刘浩：“你看看人家做的这个，比你那个好多了。”

刘浩其实当时就看到了，却没有回复，心想：那你还找我干吗？从此以后也断绝了与陆小小的往来。

别人帮助自己，那是人家的情分，不帮自己也无可厚非。别人选择帮助自己，那就是看重彼此的情分，事情没有办成，我们也不该心生不满，甚至是埋怨。

所以不管对方有没有将事情办成，我们其实都已经欠下了人情，不说日后还人情的问题，至少眼下应该好好致谢，做到起码的尊重。

王晓倩一次向朋友借钱，朋友有些为难，便说：“我最近手头也不太宽裕……”

“这样啊，”王晓倩也没有再追问，轻描淡写地接下朋友的话，“我也知道你最近日子不太好过，确实是我冒失了，那我再去问问别人。”

朋友也有些不太好意思，心里一直觉得没帮上王晓倩什么忙。

后来王晓倩又遇到困难，需要资金周转，这位朋友得知后主动联系上王晓倩，说愿意帮助王晓倩。

王晓倩一听很是高兴，但转而又有些为难：“可是你的日子也不太好过啊，把钱借给我……”

朋友却丝毫不在意：“没事，我相信你这个人。”

有人说，求人帮忙其实就是在用自己的人情来换取别人的帮助。不管对方是否帮助到自己，我们都动用了彼此的交情。

所以，不要想着临时抱佛脚，把求人帮忙当成一锤子买卖，应该从日常点滴就开始积累，这样才可以在日后自己遇到困难的时候，更容易得到帮助。

那么我们在对方事情没办成或是遭到对方拒绝之后，究竟应该怎么做才能提高我们下次求助的成功率呢？

首先，就算对方事情没有办成，我们也要表达谢意。

对方答应帮助我们，是出于对彼此之间交情的重视，所以就算对方没有把事情办成，也要真诚地致谢。就算有时候因此耽误了我们的时间或精力，也不要心生埋怨。

刘明有一次请朋友帮忙买一件衣服，朋友买回来之后他一脸嫌弃，一会儿说“衣服太丑”，埋怨朋友品味太差，一会儿说“价格太贵”，埋怨朋友也不知道货比三家。最后朋友听得火冒三丈，气冲冲地走了，之后无论刘明再叫这位朋友帮什么忙，他都是一概拒绝。

我们在埋怨朋友事情没有办成，浪费自己时间、精力甚至金钱的时候，也应该想一想，朋友帮我们忙的时候，也会付出一定的时间、精力，甚至会动用朋友自己的人情关系。所以不管事情有没有办成，我们都应该心怀感恩，真诚致谢。

其次，遭到拒绝的时候，也不要随意敷衍，甚至心生恼怒。

有些人在向朋友借钱的时候，如果朋友说没钱，便不再回复，或是简单敷衍一句“噢”。这会让对方觉得，我们找他只是单纯地为了借钱，并不重视彼此的感情，仿佛他在我们眼中没有丝毫分量一般，这样如果下次我们还有事情求到他身上的时候，他就算能帮忙也很可能会拒绝。

也有些人在被拒绝之后，便会心生恼怒，甚至发出质问，说出“你怎么可能没钱”“你又没有结婚这么着急回家干吗”之类的话。这样不仅对我们获得帮助一点好处也没有，更会让彼此连朋友也没的做。

这时候正确的做法是我们主动声明，将一切责任揽到自己身上，让对方感到不好意思，从而“欠下一个人情”。

“我知道你的日子也不好过，确实是我冒昧了……”

“那真是打扰了，我再去问问其他人吧。”

“这我还真是没想到，确实打扰您了。”

最后，如果对方不方便或是比较为难，我们便应主动收回自己的请求。虽然有时候软磨硬泡能够让对方为我们提供帮助，但这也会引起对方反感，即便对方提供了帮助也难免心不甘情不愿。

与其这样还不如不要开口，给对方留下一个好印象，把机会留在日后。

我们每一次向别人寻求帮助，都是朋友之间的一次互动，所以即便是对方没有帮上我们的忙，我们也应该真诚致谢。

第十二章

珍惜爱你的人，用沟通化解分歧

学会和爸妈好好“说话”

“我的事不要你管。”

“我已经长大了，自己的事情自己有分寸。”

“好了，我知道了，烦不烦啊，不要老念叨了。”

当父母关心、过问我们的事而又和我们的想法不太一致或是我们有些不耐烦时，我们常常会说出类似的话。

其实我们常常会犯这样的错误，就是把最差的脾气和最糟糕的一面都给了最熟悉、最亲密的人，却把耐心和宽容给了陌生人。对待最亲密的人，我们习惯成自然地不懂礼貌、不会温柔、忘记感恩，不是大呼小叫、不停抱怨，就是懒得搭理。

李阳在外地工作，想到自己已经两年没见到父母，便决定今年回家过年。

刚到家的时候，一家人和和美美，李阳心里便有了在家乡找份工作的打算。

然而好景不长，一天李阳在打游戏，不知不觉到了饭点，母亲过来叫李阳吃饭。

但是李阳这局游戏正进行到了关键时刻，便随口敷衍：“知道了，知道了，你们先吃。”

母亲在身边催促半天，李阳也只是一句“知道了”。

过了一会儿父亲也过来了：“你怎么回事，吃个饭让人三叫五请的。”

李阳被说得有些心烦，再加上游戏马上就要输了，一时着急脱口而出：“你们烦不烦，都叫你们先去吃了，我的事不用你们管。”

话一出口，李阳就有点后悔，看着父母不再说话，黯然离开，道歉的话却迟迟无法说出口。

我们总是认为和自己父母之间的关系不需要经营，一切给予和索取都是顺理成章、天经地义。你仔细想想，真的是这样吗？很多人都抱怨过，在和父母交流的过程中，也会遇到阻碍和分歧。他们认为的关心，在我们看来是唠叨，他们认为的担心，在我们看来都是不必要的。而当我们真正需要安慰的时候，他们似乎又不能觉察到。总而言之，我们的年纪越来越大，似乎与父母的距离越来越远。

孙美丽幼年丧父，是母亲一手把她养大。因此，她也一直对母亲格外孝顺。

每次回家，也不管家里有人没人，她都会先喊上一句："妈，我回来了。"

在家吃饭，她总会夸一句："真好吃。"

有时候忙于工作，母亲还总是会过来"捣乱"，在这种情况下，孙美丽也只是笑笑："那我教你吧。"

其实母亲根本就学不会，几次之后也知道自己帮不了女儿，便不再过问了。

有时候实在遇到矛盾了，孙美丽就开始假装生气："不理你啦，不理你啦。"

母亲也只是笑笑打趣。

就这样，母女的关系格外和谐，有时候还能互相开开玩笑。

不管我们与父母有多大的别扭，作为子女，和父母之间的感情都是我们最珍视的。所以学会如何和父母相处，是我们一生都要做的事。

那么我们怎么才能做到与父母好好沟通呢？

首先，要想建立一种良好的关系，最重要的一点就是要学会主动。试想一下，如果你的爱人不知道你每天在做什么，他会不会刨根问底？你也许会说，我什么事情都会和我爱人说啊！所以，你对父母说了吗？他们知道你每天都在做什么吗？所以，在平时生活中，主动和父母聊一下在学校发生的事情、自己遇到的一些困惑，让他们了解你内心的真实想法。让他们有机会参与到你的生活中，和你一起分享喜怒哀乐。

其次，尝试换位思考。

我们一天天在长大，父母一天天在变老，许多时候难免会觉得他们跟不上自己的脚步。我们可以站在父母的角度替他们想一想，他们每天上班，还要照顾老人，照顾我们，心情难免会烦躁。也许他们今天也遇到了不开心的事情，所以就不那么心平气和。所以当父母批评我们的时候，耐心一点儿，不要急着反驳，听听他们的想法和建议，说不定你就会了解他们的立场，会有意想不到的效果。不管他们以什么样的方式和我们相处，有一点你要记住，那就是他们是爱你的。

有事要出门，提前和爸妈说一声，告诉他们你要去哪里，大概几点能回来，不要让他们太担心。当和父母意见相左的时候，冷静下来，想想产生分歧的原因以及解决的方法。就算真的觉得不能和父母达成一致，求同存异也是可以的。但是切记不要随意发脾气、顶嘴，更不要口无遮拦，说出一些让父母伤心的话来。说之前，深呼吸，多思考一下，看看你有没有权利和资格这么说，也想一想，你是不是舍得让自己的父母伤心。

最后一定要注意知错就改。这可能也是我们最容易忽略的一件事。有的事情明明知道自己做错了，也不会主动和父母道歉，但是知错认错，不是做人最基本的道理吗？不要隐瞒自己的错误，更不要隐瞒自己已经知道错了，主动和父母谈一谈，道个歉。不论发生什么，父母都是我们的亲人，而不是我们的敌人。

很多时候，我们太在意陌生人对我们的看法，却忽略了身边最亲近的人的感受。树欲静而风不止，子欲养而亲不待，别等到再也没有机会的时候，才想起关心他们。一切就从和他们好好说话开始吧！

语言暴力对孩子的伤害有多大

“你能干点儿什么！你这个废物！”

“考成这样还有脸回家？”

“没见过这么脏的孩子，你是从垃圾堆里捡来的？”

倘若有人当着你的面大声呵斥这些话，你的第一反应是什么？

然而，这三句却是生活中家长们对孩子最为常见的语言暴力。

周敏是一位老师，之前和一个亲戚家的孩子聊天。她是个很乖巧的女孩，今年读初一。

周敏问她：“将来想考哪里的大学啊？”她说：“考省外，哪里都好，离家越远越好。”其实问这个问题，只是作为长辈闲聊时无心的一句话，但她的回答却让周敏感到很吃惊。

她接着说，爸爸妈妈总是喜欢斥责她，比如，她对某条新闻发表一下自己的评论，表达一下对某个明星的喜欢，或者随口说点对世界局势的看法，父母心情好的时候就跟她聊一会儿，心情不好的时候就是“你们这些小孩子懂什么啊，就在这里胡说八道”“天天关注这些没用的，好像你能管得了似的”“有听歌的时间，还不如好好去看看书，这些明星能替你考试吗”。

小女孩说这些的时候很冷静，随后又补充了一句：“后来我也想明白了，他们骂我、说我，仅仅是想发泄一下情绪，可能只是想骂我了吧。现在我也不想说什么了，好好学习，快点长大，去了外地不回来就好了。”

如果不是真的听见，很难想象这样的话会从一个十几岁的孩子口中说出来，并且她的家也绝不是暴戾可怕的人家。

语言暴力的伤害，就是这么严重。它像一块巨大的石头，压得孩子喘不过气来。让她再看不到父母冬日肩上的雪，夏日背上的汗，再看不见父母的含辛茹苦。

这些父母一时恼怒说出来的话，或许对他们来说只是一个发泄，但落在孩子心里却像刀片。为了发泄内心的愤怒，图一时嘴巴痛快，他们留意过在孩子心里用刀子划开的一道血口子，深深伤害了孩子吗？

作家毕淑敏在《家问》中写道：“在纷乱和丑恶的气氛中成长的孩子，是伪劣家庭的痛苦产品。他们在家中最先看到并习惯的待人处世经验，是破碎流离和粗暴残酷。”

这是由于当孩子长期处在充斥着语言暴力的成长环境时，他们心里就会启动应对式的调节，从而让自己适应恶劣的环境。那些小时候经常被父母辱骂的孩子，他们长大后性格变得谨小慎微，努力讨好身边的人。童年的经历给孩子的心灵留下难以恢复的创伤。

如果父母经常对孩子施加语言暴力，孩子的安全感会逐渐丧失，长时间处于极端负面情绪的环境下，孩子的性格将变得火暴、任性、冲动，甚至还容易与别人发生分歧，影响孩子的正常社交能力。

父母经常性的责骂和批评，会逐渐内化成孩子的自我批判，最终导致他们的自我否定。孩子一遇到事情就会想到自我否定、消极怀疑的情绪，让孩子无法更好地处理人际关系，久而久之，孩子还可能会患上抑郁症、狂躁等心理疾病。

由于孩子心理发育尚未健全，因此对外界刺激影响较大。孩子长期受到侮辱和伤害后，一般无从发泄，就会将这些情绪积压下来或自我毁灭的极端方式加以反抗。

在心理学上，自我防御机制能使个人无意识或半意识地采取非理性的、歪曲现实的应对焦虑、心理冲突或挫折的方法，这是自我的机能。有的孩子还会将宣泄的对象指向外界，他们会对身边人产生不信任，排斥整个社会，从而做出危险行为来报复社会。

郝妍是一个比较善于控制自己情绪的人，她与自己孩子的关系好到让人羡慕。

每次自己心情不好，孩子前来捣乱的时候，她都会温柔地说：“宝贝，妈妈现在心情不好，让妈妈自己待会儿好吗？”

如果孩子做错了事，就直接告诉孩子错在哪里，不说多余的话。

面对不太重要的失误，她总会选择宽容。

总是感受孩子的情绪，常常倾听孩子的诉说。

就算有时候自己没控制住情绪，也会马上道歉：“抱歉，妈妈不该跟你说那样过分的话。”

就这样，孩子有什么事都愿意与郝妍分享，他们的家庭关系总是要比大多数人的和谐。

相信没有一个父母不爱自己的孩子，但往往爱之深，责之切。父母的过分责备对孩子造成的伤害，就像钉子深深扎进他们的心灵。也许父母可以用之后的爱去慢慢拔除钉子，但孩子心理上的伤口就能愈合吗？愈合之后，那留下的伤疤还能抹平吗？

愿各位父母，在把最好的一面留给陌生人之时，别把最差的语言暴力留给自己的孩子！

恋人之间有分歧，先冷静下来再说

“你一点也不懂我，你怎么就不能体谅体谅我呢？”

现在的年轻情侣正面对着工作和生活的巨大压力，相互之间总会出现各种各样的分歧和矛盾，面对这些分歧，总是希望对方能够理解，可以给予自己支持，但结果往往并不能达到自己的预期。

而这些分歧如果处理不好的话，双方就容易发生争吵和冲突，严重时甚至还会闹到分手。

王玦的家境比较优越，毕业于一所重点大学，之前在上海工作，后来回到了家乡，目前在航空公司工作。女友来自农村，初中毕业，在酒吧工作。

刚开始两个人的感情十分好，总是黏在一起，感觉一日不见如隔三秋。

可当感情进入平淡期以后，两个人的问题开始出现了。

王玦的薪酬不算特别高，但是日子过得还算很滋润，所以提出了不让女友再去上夜班。为这个问题两个人争吵了半个月，只能各让一步，两个人搬到一起住，但女友还是在酒吧工作。

可是两个人一起住了半个月以后，女友又想搬回去住，她说每晚回来太晚，在王玦这里睡不好，太累了。

王玦觉得女友不想见他，两个人长期见不到面，女友又认为王玦不懂得体贴自己。

两个人分歧越来越大，最终只能无奈分手。

两个人相恋过程中发生分歧在所难免，这个时候双方能否互相理解和包容，才能体现出彼此之间的感情是否够牢固，考验出彼此处理事情的能力和方法。要在爱和分歧中找到彼此更好相处的方式，去慢慢地磨合。

既然都选择了对方，就要将对方视为知己，彼此都要愿意为对方付出，要学会为对方做出让步和改变。任性地表示自己就这样，只能说明你还不够爱对方。

李璇是一个地道的浙江妹子，一点辣椒也不能吃，可她男友一家人却是无辣不欢。

李璇第一次去男友家吃饭，男友没有和他妈妈说不能吃辣，导致最后做了半桌的辣菜。男友的妈妈很热情，不停地给自己夹菜，李璇也不好拒绝，一顿饭吃得很不是滋味。

回去之后，李璇大发脾气，埋怨男友都不事先做一些准备。

男友也不高兴：“那不是还有半桌不辣的吗，你自己不吃怪谁？”

两个人越吵越凶，局面眼看着要失控，恰巧这时他们的朋友来了，两个人只好先收了脾气。

朋友进来也看出了气氛不对，便主动询问，互相开导，使得两个人能心平气和地坐下谈谈。

李璇主动说："我也不是埋怨阿姨的意思，阿姨是不知道，但给我夹菜的时候你不能拦着点吗！"

男友这时也急忙承认错误，两个人一起协商以后应对这类情况的办法。

两个人在一起总是会出现各种各样的问题，重要的不是争辩出一个孰是孰非，而是积极寻找解决的方案。

那么恋人之间发生分歧，究竟应该怎么做呢？

两个人意见产生了分歧，不是一个人的问题，而是双方都有责任，所以不要将所有的过错都强加在一个人身上。双方都冷静下来，反省两个人之间到底哪里出现了问题，该忍让的忍让，该迁就的迁就。

如果两个人都在气头上，就没有办法冷静下来去找问题。最好就是分开一段时间，让彼此都冷静下来，给自己一些时间进行反思，才会意识到自己的错误，也就不会将所有的问题都指向对方。

等双方都冷静下来，就可以找个机会好好地坐下来商量如何解决问题，让双方都从这个分歧的困惑中释怀，两个人的感情才会持续下去。

如果是实在无法解决的分歧，那么应该尽量地求同存异，忽视彼此的分歧，只要是不涉及原则上的问题，任何分歧都是可以控制的。

如果情侣之间的感情不够牢固，再小的分歧也会成为分手的理由，如果两个人的感情基础够深厚，不管是什么样的风吹雨打都不会受影响，两个人反而会在困境中找到突破口，一起面对，从而让感情变得更深厚。

爱情就是需要双方共同经营的，单单靠一方去维持，这样的爱情是十分脆弱的。只有两个人一起努力，互相信任，互相扶持，才能创造出更美好的未来。愿有情人终成眷属。

吵架要就事论事，不可翻旧账

伴侣间在日常相处之中，产生分歧进而发展到吵架之时，最令人讨厌的是对方的哪些行为？

是摔门而出，还是互飙脏话？不，都不是。

这些不好的行为或许会让矛盾升级，但有一种行为不仅能让你瞬间无言以对，还能戳得你深受内伤，那就是翻旧账。

刘明宇是一家外企白领，颜值高、家境好，现任女友林荫则是一个漂亮而敏感的姑娘，她总是像防贼一样防着明宇身边的任何一个女人，不过林荫的高度敏感也是有原因的。

大概一个月前，她和刘明宇因吵架冷战了几天，和好后，她无意间发现了刘明宇在冷战期间跟另一个女人的暧昧聊天记录。尽管刘明宇非常诚恳地解释说，是因为冷战赌气才那样说话的，绝对没有拈花惹草的意思。

虽然林荫当时没有发作，但自那次之后，她就变得特别敏感，尤其是在吵架的时候，只要是刘明宇对她稍有怠慢，她就说刘明宇不在乎她。而且她还会一再拿这件事出来说事，指责刘明宇没有责任心，喜欢玩暧昧。刘明宇百口莫辩，后来实在是吵烦了，便下了最后通牒，如果再翻旧账就分手。

从那以后，林荫虽有所收敛，但始终无法接受刘明宇之前的所作所为，她非常痛苦地跟刘明宇表露心声说，自己也知道这样老翻旧账不好，但思维就像不受控制一样，始终无法释怀。

刘明宇很无奈，不知道该如何安慰她，也不知道该如何继续这段感情。

大吵三六九，小吵天天有，这是许多伴侣真实生活的写照。其实，夫妻间的磕磕碰碰，是关系趋向稳定和谐的一种磨合。因此，只要是没有引起激烈的争执，应当是可以理解的。还有人这样说，夫妻吵架是交流感情的另类方式。此话也并非毫无道理。

王洋和杜丽是大学同学，毕业后两个人重逢于一次公益活动，之后一来二去发展成了情侣关系。

王洋是一位保险销售人员，而杜丽却是一名服装设计师，两个人无论性格、习惯都是完全不搭边，在一起常常出现矛盾，经常吵得不可开交。朋友都以为两个人在一起不会长久，然而两年过去了，两个人依然甜蜜如同初恋一般。

一次朋友问杜丽，他们两个人经常吵架，是怎么做到过后和好如初的，是不是有什么爱情“保鲜秘籍”。

杜丽笑着说：“哪有什么秘籍，最多就是吵架的时候不翻旧账而已。”

原来，两个人在交往的第一天，就立下一个规矩：吵架的时候不能翻旧账，同时定上一个闹钟。

这样，每次吵架的时候双方都会比较克制，就算有时候吵得不可开交，也会被突如其来的闹钟声打断。

慢慢地，两个人吵架便成了就事论事，毕竟“时间紧凑”。

相信很多人在感情中遇到过翻旧账的时候，无论你是被翻的一方还是主动翻的一方，心里都不好受，虽然都知道这样做不利于感情的和谐发展，可翻旧账的坏处到底体现在哪些方面呢，我们又应该如何做呢？

首先，翻旧账会让自己变得越发狭隘。爱翻旧账的人总是依据现有的思想来审视当下，为了发泄情绪，会变得口不择言，哪怕是陈年往事，也丝毫不放过，堵得对方就像“哑巴吃黄连”一样，有苦说不出。

其实亲密关系双方发生争执在所难免，但如果不是就事论事，而是常常拿对方曾经的过错来惩罚他，这不仅会让自己的思维受到限制，变得偏激，同时也会让对方觉得自己是一个不讲道理的人，让对方认为自己固执、偏激，一直戴着有色眼镜，从而让两个人的感情难以顺利发展。

其次，语言暴力带来的伤害非常严重。有些话说出来很容易，可是想要收回并抹平那些伤害非常地难。尤其是在争吵的时候提对方曾犯下的错误，本来对方就心存愧疚，你还一再地提醒，对他来说，无异于一次次揭开他的伤疤，这种伤痛更加深入骨髓。

人们常说:“人非圣贤,孰能无过。”两个人在相处的过程中难免会犯错，只是当错误已经成为过去时，且对方并没有再犯时，你却还是一再地拿对方曾经的过错来说事,不仅让对方更加恼怒,还会使其产生破罐破摔的心理,以致感情处于一个恶性循环的状态。

其实，亲密爱人之间难免会发生一些磕磕碰碰，但翻旧账的吵架模式并不可取。为什么我们明知道翻旧账会让彼此再回忆一次过去不开心的事情，却还是控制不住情绪一再地提醒呢?

多一些宽容，事情过去了便不要再提，遇到分歧就事论事，吵架也能变成伴侣之间日常生活的调味剂。

遇事多沟通，生闷气会让两个人的距离越来越远

“我不想和你吵架！”

我们经常会听到或是自己说出这样的话，往往都是在我们气急的情况下脱口而出。

越是亲密的人，在一起时间久了越是容易产生矛盾。然而很多人怕伤害到彼此的感情，不想与伴侣吵架，而选择了沉默，选择自己一个人独自生闷气。

而恰恰就是这种选择，使得两个人渐行渐远。

邱静的男友是一个占有欲比较强的人，他一直很不喜欢邱静和别的男人出去聚会，哪怕是同事聚会。

有一次领导请大家出去聚餐，聚会的同事中有一个人之前喜欢过邱静。在聚会结束后，那个同事非要送邱静姐妹几人回去。本来邱静也是不愿意的，但经不住好友劝说，再加上也不想同事间闹得太难堪就同意了。

但就在同事把邱静送到楼下的时候，刚好碰到了下楼买烟的邱静的男朋友。

邱静怕男朋友误会，连忙互相介绍了一下，可他却看都没看一眼就转身走了。

邱静急忙跟上，想着怎么和男朋友解释，上楼后却见男朋友坐在沙发上看着自己什么话也不说。

邱静心中委屈，觉得自己已经尽力避免那些会引起男朋友误会的事情，但男朋友还是一点也不能理解、体谅自己，她感到自己的付出丝毫没有价值。邱静也放弃了解释的心思，一言不发地回到里屋。

几天后两个人和好如初，邱静突然意识到沉默有时也是避免矛盾的一种方法。

渐渐地，两个人只要遇到矛盾，就习惯性地以沉默来应对。随着次数越来越多，被两个人忽视的矛盾也越来越多。

最终矛盾还是爆发了，两个人大吵一架，决定分手。

很多情侣在一起，都希望自己的爱情是完美的，希望自己的爱人是完美的，并不想让吵架破坏彼此的完美形象，也不想让自己的爱情产生缺陷。

所以当两个人产生分歧的时候，生闷气确实可以将所有的矛盾都掩盖掉，然而这些矛盾其实并没有消失，只是藏在了彼此内心的最深处，成为一个解不开的死结。

李春然的丈夫是一个彻彻底底的懒人，有时候连一双袜子都懒得洗。

之前丈夫就说要买一个洗衣机，但李春然强烈反对，最终不了了之。

这段时间丈夫总是加班，更没有时间，李春然回来还要做饭，丈夫便重提买洗衣机的事情。

李春然心想：既然他一直就有买洗衣机的想法，我们得好好沟通一番，不然的话买回来又是搁在角落里。

“南方的天气比较暖和，一般不用穿厚厚的衣服，洗衣机还不能洗内衣，小孩的衣服还要和大人的分开，马上就要夏天了，更不用了，毕竟是在外租房，随时有搬家的可能，搬家电麻烦费力，再说我们的手头也不宽裕，能省就省点吧……”

经过李春然一一举例说明，老公才恍然大悟，决定不买洗衣机了。

生闷气只能隐藏矛盾，对我们解决矛盾没有任何实际的帮助，甚至最终会使得两个人之间的距离越来越远。

那么我们应该如何避免生闷气，或者说怎样改掉爱生闷气的习惯呢？

首先，要大度一些。

为什么要生闷气呢？其实不就是自己的心胸太狭隘了吗？心眼太小，遇事就老想不开，喜欢纠结于小事。如果一个人胸怀开阔，怎么会有不能解除的烦恼呢？一块石头，丢进碗里，就会把碗砸碎；而丢进大海中，则波澜不惊。

其次，培养自己的幽默感，尝试着把幽默带进生活。

多跟富于幽默感的人接触，向他们学习。遇事不顺时，试着以幽默的方式自嘲。时间长了，就会觉得自己的性格已经变得活泼开朗，不再那么爱生闷气了。

最后，尝试着让自己拥有更强的心理接纳能力。

喜欢生闷气的人，对于任何事情，习惯于以消极的心理对待。即使事情并不那么坏，他们也总是想得很糟糕。还有一个表现就是毫不处理地被动接受，闷在心里。这样问题就大了，不仅闷得很难受，甚至容易造成心理问题。要改掉这个坏毛病，遇到问题先要问问是否有道理，原因在哪里，然后想想怎么去解决。就是不要把问题闷在心中，先去找解决的办法。这样，就不会生闷气折磨自己了。

“事能知足心常泰，人到无求品自高。”拥有淡泊的心态，不去追名逐利，不为身外之物大喜大悲。心境淡泊，不跟别人比较，就不会因为输赢的事情而郁闷，也不会给自己造成过大的压力，更不会对别人牢骚满腹。淡泊的平常心，可以消除一切危害身心健康的因素。

改掉自己爱生闷气的习惯，以平和的心态与伴侣沟通，才是解决问题的良好途径。

抱怨对方不懂你，不如正面表达自己的需要

之前在网上看到一则笑话，说的是情侣之间产生矛盾，男女双方内心独白所产生的差异。

女方独白：

“太可恶了，宝宝生气了！”

“他要是不道歉，我绝对不会原谅他！”

“都这么长时间了，他怎么还不来哄我？”

“我表现得还不够明显吗，他没看到我在生气吗？”

“是不是我说得太过分了，他不会生气了吧？”

“我好想他，我要不要回去找他。”

……

男方独白：

“她怎么了？”

“她生气了？”

“她怎么生气了？”

“是我做错了什么吗？我怎么完全没有印象？”

“她怎么还在生气？”

“这和我完全没关系吧，她到底生的哪门子气？”

……

虽然是则笑话，却充分展现了对待一件事情男性与女性在思维上的差异。

许多年轻的男女情侣，都喜欢玩猜来猜去的游戏。猜对了欣喜若狂，认为自己寻得知己；猜错了便闷闷不乐，抱怨对方不懂自己。

然而男女的思维方式不同，对同一件事情的看法有着天壤之别，就如同一本书的名字那样——《男人来自火星，女人来自金星》，你怎么能够要求两个差别大到如同来自不同星球的人，思维方式、表达方式、行为方式在同一个频率呢？

陈琪常常向闺密抱怨自己的丈夫不懂自己，总是惹自己生气。

之后两个人开诚布公地沟通过一次，陈琪突然意识到自己的丈夫完全意识不到自己的想法，她一改之前的做法，无论遇到什么事情，都直言告诉丈夫应该怎么做。

有一次陈琪的公婆要来家里，陈琪希望丈夫能多在公公婆婆面前夸夸自己，便对丈夫说：“你多在咱爸妈面前夸夸我嘛，这样咱爸妈就能对我消除偏见，我也能对咱爸妈更好一些。”

丈夫一想觉得很有道理，便一个劲儿地在父母面前夸奖陈琪，把陈琪说得天上有地上无的。

父母一看儿子对自己的媳妇这么满意，也就放心了，打心里接受了陈琪这个儿媳妇，对陈琪也像是对待自己的闺女一样。

陈琪见丈夫、公婆都夸自己，也是打心里感到舒畅，对公婆也是格外地尽心，一家人在一起度过了一段温馨和睦的时光……

正面表达自己的需求，避免了对方因为不了解或是猜不到而带来不必要的麻烦，自然而然也减少了对方的做法不能称自己心意的可能。

那么为什么还是有很多情侣和夫妻不知道如何向对方表达自己的需要呢？我们又该如何避免呢？

首先，大多数中国人受儒家文化影响，在情感表达方面比较含蓄和内敛，崇尚行动胜过言语。人们有时候是出于害羞、害怕、紧张的心理，不好意思，不敢说出口。比如，关于情感的表达不习惯说出“我爱你”“我想你”之类的话。再比如，你想出去旅游一趟，可是一想这段时间花钱太多，如果开口怕对方不同意，要说自己不节约和贪玩了。

其实大可不必，既然关系亲密，相互之间应是比较了解的，对于自己的情感要勇敢表达出来，不说反而可能会使得对方不够了解，从而产生误会。

当然有时候只是不知道该如何开口，这个关乎人的心理和表达技巧。比如，一方怀疑另外一方可能精神出轨了，可是苦于没有实质的证据，在心里盘算半天，不知道怎么说起，什么时候提出来合适，还有就是自己都还没想清楚，犹豫不决，反反复复，自然就说不出自己想要什么了。

其次，一些人认为自己的想法和要求即使表达出来，对方也不会支持，或者是认为对方各方面都不如自己，没能力帮自己实现，也出不了什么良策，还不如自己独立完成，索性不说。实际上，这也恰恰表明两人的沟通和交流出现问题导致情感渐渐生疏。

最后，有些人一厢情愿地认为，对方和自己相处这么久了，应该了解自己的习惯、喜好、需求等，想当然地以为自己即使不表达出来，对方也应该猜测到大概。久而久之，如果对方没察觉出自己的心思，就伤心地以为对方不爱自己、不关心自己了；其实他们忘记了，对方即使再了解你、再爱你，但他毕竟不是你。

与其让对方猜测自己的心思，抱怨对方不懂自己，不如正面表达自己的诉求，明确地告诉他：亲爱的，我希望你这样做。